AF314991

SAR PÉLADAN

THÉATRE DE LA ROSE † CROIX

BABYLONE

TRAGÉDIE EN QUATRE ACTES

PARIS

BIBLIOTHÈQUE CHACORNAC

1895

A Henry Austruy

puisque vous aimez Salammbô

vous un Prologue très

archéologiquement près

BABYLONE

du punique

Votre

Péladan

A MON AMI

PIERRE DE PULIGA

BABYLONE

EST DÉDIÉ

SAR PELADAN.

L'ŒUVRE PÉLADANE

La Décadence latine (Ethopée).

I. LE VICE SUPRÊME (1884).
II. CURIEUSE (1885).
III. L'INITIATION SENTIMENTALE (1886)
IV. A CŒUR PERDU (1887).
V. ISTAR (1888).
VI. LA VICTOIRE DU MARI (1889).

VII. CŒUR EN PEINE (1889).
VIII. L'ANDROGYNE (1890).
IX. LA GYNANDRE (1891).
X. LE PANTHÉE (1892).
XI. THYPHONIA (1893).
XII. LE DERNIER BOURBON (1894)

PROCHAINEMENT

XIII. LA LAMENTATION D'ILOV.

XIV. LA VERTU SUPRÊME.

Amphithéâtre des sciences mortes.

I. COMMENT ON DEVIENT MAGE (éthique), in-8°, 1891 (Chamuel).
II. COMMENT ON DEVIENT FÉE (érotique), in-8°, 1892 (Chamuel)
III. COMMENT ON DEVIENT ARTISTE (esthétique), in-8°, 1891 (Chamuel).
CONSTITUTIONS DE L'ORDRE DE LA ROSE ✠ CROIX DU TEMPLE. . . . . . 1 fr. 50

Théâtre (OEstrie).

LE PRINCE DE BYZANCE (refusé à l'Odéon et à la Comédie-Française).
BABYLONE (tragédie en 4 actes).
LE FILS DES ÉTOILES, en 3 actes (représentée à la Rose ✠ Croix).
PROMÉTHÉE (trilogie)
ORPHÉE (tragédie).
LA ROSE ✠ CROIX, mystère en 3 actes.
LE MYSTÈRE DU GRAAL, en 5 actes.
SÉMIRAMIS, tragédie en 4 actes.

LA QUESTE DU GRAAL

Proses choisies des dix premiers romans avec 10 compositions
et un portrait de Séon, 3 fr. 50.

ORAISON FUNÈBRE DU DOCTEUR ADRIEN PELADAN (Dentu). . . . . 1 fr. »
ORAISON FUNÈBRE DU CHEVALIER ADRIEN PELADAN (Dentu) 1 50

La décadence esthétique (Hiérophanie).

I à IV. L'ESTHÉTIQUE AU SALON DE 1881 84 (1 vol in-8°), 7 f. 50 premier tome de l'art ochlocratique, avec portrait (rare)
V. FÉLICIEN ROPS (épuisé).
VI. L'ESTHÉTIQUE AU SALON DE 1884 (L'Artiste).
VII LES MUSÉES DE PROVINCE
VIII. LA SECONDE RENAISSANCE FRANÇAISE ET SON SAVONAROLE
IX. LES MUSÉES D'EUROPE, d'après la collection Braun
X LE PROCÉDÉ DE MANET.
XI. GUSTAVE COURBET

XII. L'ESTHÉTIQUE AU SALON DE 1885 (*Revue du Monde Latin*).
XIII. L'ART MYSTIQUE ET LA CRITIQUE CONTEMPORAINE.
XIV. LE MATÉRIALISME DANS L'ART.
XV-XVI LE SALON DE PELADAN, 1886-1887 (Dalou).
XVII. LE SALON DE PELADAN, 1889.
XVIII. LE GRAND OEUVRE, d'après Léonard de Vinci.
XIX LES DEUX SALONS DE 1890 avec trois mandements de la R. ✠ C. (Dentu)
XX. LES DEUX SALONS DE 1891.
XXI. LES DEUX SALONS DE 1892

(INTRODUCTION à l'histoire des peintres de toutes les écoles depuis les origines jusqu'à la Renaissance, avec reproduction de leurs chefs d'œuvre et pinacographie spéciale, in 4°. format du Charles Blanc : *L'Orcagna* et l'*Angelico*, 5 francs. — *Rembrandt*, 1881 (épuisé)

L'ART IDÉALISTE ET MYSTIQUE

Doctrine de la Rose ✠ Croix, 1 vol. in-18 CHAMUEL, **3 fr. 50**, 1894.

CATÉCHISME INTELLECTUEL

De l'Ordre de la Rose ✠ Croix (pour janvier 1895).

SAR PELADAN

THÉATRE DE LA ROSE † CROIX

BABYLONE

TRAGÉDIE EN QUATRE ACTES

PARIS

CHAMUEL, ÉDITEUR

79, RUE DU FAUBOURG POISSONNIÈRE

(Près la rue La Fayette)

1895

BABYLONE

TRAGÉDIE WAGNÉRIENNE EN 4 ACTES

A été représentée sur le théâtre de la Rose ✝ Croix les 11, 12, 15, 17 et 19 mars 1893, au Palais du Champ-de-Mars, dôme central.

SAR MÉRODACK a été créé par.... .. ... . M. V. HATTIER

L'ARCHIMAGE NAKHOUNTA.... .. .. . M. DAUMERIE.

SAMSINA .... Mlle M. MELLOT.

URUCK, AN-IPNOU, SINNAKIRIB.... . .. L'ORDRE.

Elle a été reprise les 21 et 28 mai 1894 sur le théâtre de l'Ambigu, avec M. Emile RAYMOND, dans le *Nakhounta*, et Mlle LARA, dans *Samsina*.

Elle a été réprésentée à Bruxelles sur le théâtre du Parc, le 30 mai 1894.

Elle a été donnée par Lady CAITHNEST, duchesse de POMAR, en sa salle des fêtes, le 5 juillet 1894.

BABYLONE

ACTE I

L'ORACLE D'ILOU

Terrasse des jardins suspendus.

Au fond : créneaux en queue d'aronde se détachant sur le ciel.

Premier plan : Lit de repos sous un palmier ; un disque d'argent accroché à l'arbre.

— Végétation pompeuse. — Quand le rideau se lève, le Sàr est à demi-étendu sur le lit de repos. — Uruck vient de droite et s'arrête les mains croisées sur la poitrine.

SCÈNE I

SAR, — URUCK.

URUCK

Vie, santé et victoire au Sàr de Babilou, Mérodack Baladan,
le vicaire des Dieux et le maître des terres.

(Il s'avance un peu et s'incline encore).

Impatient d'accuser l'insuccès de mon zèle, avec humilité
me voici au sommet des jardins suspendus,
où nul ne vient sans ton appel.

(Il s'avance tout à fait, sur un signe du Sàr).

Un vertige d'orgueil frappa Ezéchias,

à la vue des présents, des tablettes ;

il exulta, disant à ceux qui l'entouraient :

« Le Sàr de Babilou m'envoie féliciter ! »

Et ce convalescent, par la vanité affermi,

nous montra ses huiles et ses baumes, ses arsenaux et ses trésors.

Soudain, parut Esaïe, le prophète :

« Ces envoyés de Babilou ont-ils vu tes richesses ? ô monarque insensé !

Un jour prochain, tout l'or par tes pères amassé

ornera le Temple de Bel,

et tes fils serviront d'eunuques dans le palais des Sàrs !

Parole de Iéhovah ! »

Devant le nabi courroucé, le roi baissa le front.

Je t'apporte, au lieu de l'alliance avec Juda,

un oracle menteur sur Babilou ;

la terrible éloquence d'Esaïe s'y révèle.

SAR

Lis !

URUCK

A violer tes oreilles, par ces proférations impies, je crains.. .

SAR

Ne crains que ton silence !

URUCK

« Oracle d'Esaïe, fils d'Amos, sur Babilou :

« Dressez l'étendard sur les monts, jusqu'aux nues ;

« du geste et de la voix redoublez votre appel ;

« que le seuil des tyrans gémisse

« sous le piétinement de la horde qui vient.

« Mes volontés, vivantes et armées, les voici :

« ce sont les bras de ma colère, les lances de ma gloire, ces guerriers !

« l'écho des monts les dénombre : on dirait l'exode d'un peuple,

« un tumulte fait de royaumes et le confluent des nations !

« Hurlez d'effroi, méchants !

« Voici l'heure de Iéhovah et voilà sa sentence !

« Oh ! le bras tombe inerte et le cœur ne bat plus, devant cette épouvante :

« convulsés et plaintifs, ils se tordent comme une femme qui enfante ;

« leurs yeux se renvoient de la peur et l'angoisse calcine leur peau ;

« car voici Iéhovah, d'autant plus implacable qu'il a tardé !

« Demain fera le désert sur les villes,

« et demain couchera les méchants dans l'oubli.

« Au ciel les étoiles s'éteignent ; les astres agonisent,

« un soleil sans aurore succède aux nuits sans lune ;

« la terre pourrira de sa malice

« et les hommes mourront de leur iniquité ;

« l'être humain deviendra plus précieux que l'or,

« plus rare que la perle d'Ophyr.

« Je secouerai le ciel et désorbiterai la terre !

« et ce sera l'effet des divines colères,

« à l'heure du Dieu Nombre, au jour de Iéhovah !

« Alors Babilou sera dispersé

« comme un troupeau de gazelles ou des brebis sans berger.

« Tout fuit et le Kaldéen cherche vainement, sous le ciel,

« sa patrie disparue ! Massacre sans merci !

« Le fer fera sa gaine de tout homme debout :

« dans les maisons pillées, on violera les femmes ;

« on écrasera les enfants sur le seuil.

« Ainsi je lancerai les Mèdes à la curée !

« et Babilou, la ville incomparable, l'orgueil des Kaldéens,

« rejoindra au néant ses aînées : Sedom et Gomorrh.

(Il s'arrête et attend que le Sâr se calme pour reprendre d'une voix morte et lente).

« Ceci fut Babilou : ce lieu maudit, inculte, inhabité ;

« le nomade lui-même n'y dresse pas sa tente,

« le berger n'oserait y paître ses troupeaux.

« Ceci fut Babilou : ce repaire de fauves où nichent les hiboux ;

« l'autruche peuple les portiques et le chacal loge dans les palais ;

« les voûtes retentissent de l'aboiement des chiens sauvages :
« Ceci fut Babilou ! »

SAR (il tend le bras pour saisir le papyrus, puis se ravise).

Va au temple et dis à l'archimage Nakhounta,
de venir m'expliquer cet oracle, ici, à l'instant.

(Cruck roule le papyrus et se retire avec les mêmes saluts de l'entrée).

SCÈNE II

SAR (seul).

Destin ! Destin ! barrière qu'on ne franchit pas !
borne posée par les Dieux et que nul ne renverse !
désespoir de la volonté ! vers toi j'élève mon défi !
Le malheur a passé, torrent irrésistible,
saccageant mes desseins, dispersant mes travaux :
comme au soir, l'ombre talonne un cavalier,
la livide défaite a suivi mon effort.
N'importe ! l'orgueil du Kaldéen, vaincu mais indompté,
ressemble au Dieu Samas, qui chaque soir décline,
pour renaître aussi pur.
O mes artères, tant que la rouge liqueur ne sera pas figée,
O mon front ! jusqu'à l'arrêt de ma guerroyante pensée,
je serai toujours l'homme de mon serment.
J'épelais les signes de Nébo,
mes jeunes bras bandaient, à peine, l'arc de Nergal,
l'Archimage, ainsi me parla :
« Fils de Bel, Sâr légitime d'Accad et de Soumir
porte à ton suzerain Trouklat-Habal, roi de Ninive,
le tribut et l'hommage :

si les Dieux te parlent en ton âme,

cède à leur voix et jure d'obéir. »

Or, les Dieux me parlèrent en mon âme, je cédai à leur voix,

je jurai une haine immortelle de Ninive et d'Assour !

O vœu de Sapaya, cœur de ma vie, passion unique !

Ce flot incessant de la mer qui attaque le roc

s'y brise et recule et revient,

sans cesse renaissant, sans cesse combattant,

sans cesse mugissant, sans cesse formidable :

voilà l'image de ma fureur sublime !

Dix ans j'attendis, lion qui guette l'heure propice.

O plaines de Kalou ! votre fertilité date de ma déroute,

et le soc des charrues heurte, au lieu de cailloux,

les ossements de mes guerriers.

Sargon, dans sa victoire, oublia que je suis Mérodack l'Obstiné,

celui qui tient tête au destin.

Je surgis à Dour-Atktar, terrible comme un autre Isdoubard :

mes légions plièrent sous le nombre.

A Dour-Yakin, je livrai la suprême bataille.

Mémoire atroce ! le fleuve roula pendant deux jours

les cadavres babyloniens comme des arbres morts :

les insignes de ma royauté, le trône d'or, le char d'argent

je les abandonnai !

Mérodack, le Dieu qui venge Babilou,

frappa Sargon, et le retrancha des vivants :

alors, aigle qui revient à son aire,

j'abattis mon vol sur la ville éternelle :

je surpris, je tuai l'homme d'Assour, Hagisa ;

le peuple me reçut avec des palmes et des chants.

Ainsi, j'ajoutai deux années glorieuses

aux quarante siècles royaux de ma race.

Tout à coup, Sinnakîrib, fils de Sargon, se leva contre moi.

O désastre de Kis !

Soixante forteresses et quatre cents villages incendiés,

tous les chefs mis en croix !

J'implorai Mérodack, et sitôt le Namtar, le démon de la peste,
en une seule nuit, extermina les Ninivites ;
et tandis que leur roi rentrait seul et honteux dans sa ville,
je parus devant Babilou.
Les gonds des portes tournèrent joyeusement,
les grands taureaux battirent des ailes,
la flamme des autels, se dressant, me salua.
Me voici remonté au trône de mes pères...
L'oracle d'Esaïe m'irrite :
ces Mèdes, ces barbares de la menace juive,
ces montagnards de l'Est, sont loin dans l'avenir :
péril vraiment impérieux, Sinnakirib reviendra sous ces murs.
N'importe, le cœur de la Kaldée habite ma poitrine :
je suis Mérodack l'Obstiné.

SCÈNE III

SAR (même posture). — NAKHOUNTA (solennel, vient de gauche).

NAKHOUNTA

Quand la Kaldée, mère des nations, étendait le sceptre de l'esprit
sur l'humanité tributaire de son génie ;
et que, pour tous, Babilou se nommait la cité éternelle ;
alors le Sàr venait au temple interroger le mage.
Aujourd'hui le monarque, oublieux de sa foi, de son nom même,
impie envers ses Dieux, ingrat envers ses maîtres,
fait mander, comme un officier du palais,
lui Sàr, le Pontife sacré ; lui, jeune encore, un vieillard
sur la terrasse où rêve sa vanité guerrière.

SAR

Jadis le Mage découvrait l'avenir, augurait des batailles,
s'unissait aux efforts du Sàr !
Toi qui réclames mon respect, découvre ton office.

NAKHOUNTA

La pensée !

SAR

Vingt ans je pleure et je combats ;
je vois, autour de mon char, cinq armées disparaître ;
toi, tu penses.

NAKHOUNTA

L'hysope par ta bouche prononce sur le cèdre.
Qui éleva ton âme dans la haine d'Assour ?
Qui t'inspira le vœu de Sapaya !
A Kalou, à Dour-Atktar, souviens-toi,
à Dour-Yakin, à Kis, qui te sauva ? Cinq fois tu survécus à tes défaites,
seul debout, au milieu des cadavres de tes légions.
Tu rends grâces aux Dieux ! Rends grâces aux mages, leurs vicaires.
La religion, par son objet sublime, survit,
puissante encore, aux royautés croulantes.
Vainement, rivale heureuse par le fer, Ninive l'emporta :
Babilou reste la métropole, la cité sainte
et les mages d'Assour saluent toujours, en moi, le Pontife Suprême.
Le bouclier, ô Sàr, qui depuis trente années
abaisse l'arc bandé vers ta poitrine, c'est un oracle
que j'ai dicté aux prêtres de ton ennemi ;
connais-le : « La gloire de Ninive est liée à la vie du Sàr de Babilou ;
les Dieux permettent de le vaincre, non pas de le tuer. »
Moi qui réclame ton respect, je t'ai découvert mon office.

SAR

Tu m'enlèves ma gloire, Nakhounta,
mon grand effort devient ton œuvre,
tu égales, insolemment, ta prudence à mon glaive,
ô Pontife vieilli que la tiare aveugle.

NAKHOUNTA

Qui blasphème et déraisonne ainsi ?
Mérodack Baladan ou la brute d'Assour, Sinnakirib ?

SAR

Légitime seigneur du Tigre et de l'Euphrate,
fils des Sàrs, fils des Dieux,
je puis confondre, avec justice, l'intérêt d'En-Haut et le mien !
Il n'est qu'un Dieu, la Patrie, et j'en suis le pontife !

NAKHOUNTA

La Patrie de toujours s'appelle la lumière ;
quant à ce coin de terre, où nous passons des jours mesquins,
s'y attacher nous descend de la dignité d'homme aux séries végétales.

SAR

Tu m'exaspères, Nakhounta :
ce coin de terre, la Kaldée, à mes yeux ne semble aucun autre ;
je préfère l'eau de mes fleuves au vin des iles ;
mes seuls palmiers me versent une ombre douce :
les splendeurs de l'Egypte me seraient un exil.
La Kaldée c'est mon corps ; Babilou c'est mon âme ;
Je vis en eux, par eux, pour eux.
Le Sàr et sa Patrie, voilà la sainte famille !
Je suis ici l'époux du ciel, du sol, de l'air, du monument.
Chercheur de vérités, contemplateur des astres,
regarde devant toi et laisse la Magie :
tes Dieux, ta race, ta maison et ton temple
sont menacés, médite à les sauver.
Le nabi de Juda t'écrase par l'exemple. Quel amour de son peuple !
Oh ! comme l'àme juive palpite et crie dans son oracle !
Si tu vaticinais ainsi, tu me conforterais moi-même.

NAKHOUNTA (déroulant le papyrus).

Voici l'heure d'Ilou, voici la vengeance de Bel :
Ninive sera dispersée comme un troupeau de gazelles
ou des brebis sans berger.
Tout fuit et le Ninivite cherche en vain sous le ciel sa patrie disparue,
et Ninive, la ville incomparable, l'orgueil d'Assour, rejoindra au néant.

SAR

Tu redis...

NAKHOUNTA (roulant le papyrus).

Je montre que, toi et le nabi, tous deux
vous blasphémez la divine justice.
Mérodack ! Esaïe ! passions adverses ! erreurs semblables !

SAR

En ton cœur, tu me juges, vieillard, tu me condamnes,
je le lis à tes yeux, je l'entends à ta voix.
Semblable à ces devins qui sortent d'une extase,
et rentrés dans la vie, continuent à rêver,
tu oublies que mon seul juge a nom l'histoire :
Trouklat-Habal, Salmanasar, Sargon, levez-vous de la tombe !
et toi, Sinnakirib, encore vivant, encore à craindre,
Sârs de Ninive, venez confondre ce pontife ergoteur !
J'incarne la Kaldée, Nakhounta !
Le mur de Babilou c'est l'orbe plein de sang de mon épée !
Le temple, le vrai temple où vivent les vieux Dieux,
Nakhounta, c'est mon cœur.

NAKHOUNTA

Ton cœur n'est qu'un parvis, le temple c'est ma tête.
Au nom de Iéhovah, Esaïe te maudit ;
au nom d'Assour, Sinnakirib menace :
au nom d'Ilou, à ton tour tu te flattes.

Crois-tu le ciel à l'instar de la terre !
et que les Dieux se font la guerre
prenant parti pour leurs vassaux mortels.
Entre ces trois passions : Babilou, Juda et Assour,
je tiens seul la balance. Ecoute, et que Nébo t'éclaire :
l'Egypte et la Kaldée, voilà toute l'histoire !
Cinq mille ans de lumière, telle est leur noble vie.
Combien de races périrent sitôt que nées !
Combien d'orgueilleuses cités en poudre,
depuis que Babilou resplendit.
Les Dieux ont béni, diras-tu, les Dieux ne bénissent qu'eux-mêmes.
Cérémonies pompeuses, butin au temple consacré, stèles et sacrifices
ne touchent point les immortels ;
et nul outrage, aucun blasphème ne les irrite autant
que cette prétention de mêler la Divinité au destin d'un royaume.
Ce que tu honores en Samas, pour l'Egyptien s'appelle Phta,
Son Nébo a nom Thot et Mérodack Ammon.
J'ai vu, sans pouvoir l'arrêter, ce sacrilège :
Sargon, victorieux, sacrifier au même Mérodack
que toi, vaincu, tu implorais !
Nul être ne vaut par lui-même :
l'éternelle Justice nous pèse, selon nos desseins.
Sàr, qui défends ta ville et ton royaume,
n'offense pas le ciel de précations impies :
ton aventure n'intéresse que toi,
semblable au paysan qui veut garder sa vigne et son figuier.
Suis ton orgueil et, songeant à l'histoire,
revêts-toi de couleurs légendaires, rythme en poème ta vaillance,
mais n'oublie pas que ta patrie mourra, comme toi-même,
à une date que rien ne saurait reculer.

SAR

O paroles impies, vous glacez mon oreille !

NAKHOUNTA

A l'âge où tu me vois, je penche vers la terre
et je me coucherai bientôt, à côté de mes pères, dans la paix du tombeau.
Vainement, j'emploierais la Magie,
espérant conquérir, par droit d'intelligence, le plus divin des droits,
une longévité miraculeuse.
Vainement, ébloui de ma pensée lucide, j'oublierais ce corps affaibli :
la mort me sollicite, selon la loi de mon espèce.
Ainsi la Nation, cet homme collectif, suit des étapes rigoureuses :
enfant, homme et vieillard, comme l'individu.
La Kaldée va finir avec l'Egypte,
et Babilou suivre Thèbes et Memphis.
Elle a sonné sur les bords de l'Euphrate, l'heure dernière ;
ne l'attribue pas à Ilou, à Iehovah.
Le Ciel a mesuré la vie aux hommes et aux races.
La cité de cinq mille ans, le mage de cent ans
sont murs pour la poussière de l'immobilité.
Dernier des Sârs regarde devant toi le dernier archimage.

SAR

Discours de plus de fiel que la menace juive !

NAKHOUNTA

Sois courageux devant la vérité, comme au combat.
Blesserais-je ton cœur de ces clartés sinistres,
si le salut de Babilou ne me forçait la voix ?

SAR

Même à tes yeux, hantés de noirs présages, un espoir paraîtrait ?

NAKHOUNTA

Le bruit des camps a-t-il chassé de ta mémoire
l'enseignement du temple ? L'homme est ternaire : corps, âme, esprit.

T'en souviens-tu, guerrier ? Vois l'homme Kaldéen !
Tes légions en débris, voilà son corps appauvri, mutilé ;
ce reste d'une armée ne vaut pas mieux devant la victoire
que mon corps décrépi pour la longévité.
Tu es l'âme, ô Mérodack ; je suis l'Esprit,
et l'âme ne s'élève puissante que par son mariage avec l'entendement.
Un texte saint l'énonce : Mérodack est l'époux et l'épouse immortels.

SAR

Regarde, halluciné, regarde Babilou,
ses palais et ses temples, baignés dans la lumière.
Ne sens-tu pas une céleste brise, à la fois caresse et parfum ?
Que parles-tu de mort ? La vie ruisselle.
Je n'ai jamais trouvé la nature si belle.
Cesse de projeter sur moi la tristesse de l'âge qui te presse.

NAKHOUNTA

Insensé ! l'effluve des jardins et l'éclat du soleil t'enivrent.
Mérodack Baladan tu vas mourir : songe à ressusciter !
Toi qui règnes sur la Kaldée, sais-tu le secret de sa gloire ?
Dans toutes les annales, du Tigre au Gange, et du Nil à l'Oxus,
à la première page tu peux lire : « Des hommes vinrent, sans épée ;
ils parlèrent des Dieux, des Arts et des Sciences,
et laissèrent partout des disciples, comme eux, doux et subtils !
Réfléchis, cerveau amoindri par le casque,
et cherche nos conquêtes, cherche nos colonies.
Tes ancêtres, insoucieux des champs et des murailles,
ne daignaient pas disputer un pays.
Ils allaient, conquérants de l'âme universelle,
portant aux étrangers, au lieu de la torche et du fer, la science divine !
Nos colonies, ô Sâr, ce sont les sanctuaires
de cent races, de cent idiomes divers :
Assour, qui nous combat, n'est qu'un fils parricide ;
Israël et Juda sont l'œuvre de Moïse ;
dans l'Ionie, Orphée répandit nos lumières.

Nos mages ont porté la tiare à Memphis, l'Elam a tout appris de nous ;
et les trigrammes de Fohi sont sortis de nos temples.
Nous avons commencé, inspiré, ordonné toute chose;
Dieu a créé le monde, Babilou l'a civilisé.

SAR

Ton cantique me ravit l'âme, digne pontife de la race sublime !

NAKHOUNTA

La vérité te pénètre enfin ; écoute ton devoir ;
Sàr, guerrier, héros, tu es vaincu d'avance !
Laissons ces noms multiples qui plaisent à ta passion :
il n'est qu'un Dieu, Sàr du ciel et de la terre ;
et ce peuple, égoïste et méchant, Israël,
survivra avec un grand prestige
parce qu'il inscrit un nom unique sur ses autels.
Aux leçons du passé, l'hésitant avenir s'éclaire ;
et le génie des races se dégage de leur histoire :
Babilou fut sublime et bénie, tant qu'elle demeura
la ville des Sciences, de l'Art et du Mystère ;
en ce temps tout était l'œuvre d'un seul : Pontife-Roi !
Restaurons au déclin l'harmonie primitive.

SAR

Serait-ce là cet oracle d'Ilou que tu refuses à mes prières ?

NAKHOUNTA

Tu n'es pas mûr pour une clarté telle : tu espères encore !
J'ouvrirai ce portique sauveur devant ton désespoir.

SAR

Cette obstination me ferme à tes avis : si tu mourrais pourtant ?

NAKHOUNTA

Tu n'es pas prêt, te dis-je, pour cette confidence des cieux !
Si la mort devançait mes prévisions, une autre bouche parlerait.

SAR

Nakhounta, que veux-tu, sans ambages ?

NAKHOUNTA

T'insuffler mon esprit, ajouter ma tiare à ta mitre,
te sacrer Archimage, Pontife-Roi !
Faut-il par une image vive colorer ma pensée :
Souviens-toi du déluge, de l'arche, de Nouah !
L'armée d'Assour, voilà le flot mortel
qui menace de submerger Babilou ;
je suis Nouah, j'ai réuni tous les secrets, tous les arcanes, tout le mystère !
Sois l'arche, ô Mérodack ; en toi, j'enfermerai l'immortelle pensée
et tu seras le pays, la ville et le temple.

SAR

Je subis le heurt de tes idées, sans les comprendre ;
rebelle à l'injonction je me trouble et m'effare.
Puissants Dieux, dont j'ai restauré et défendu les heureuses demeures,
éclairez-moi ! La vérité ! la vérité ! la vérité !

NAKHOUNTA

Elle est terrible : les astres dans leurs cours hésitent ;
au ciel, un mystère lentement s'élabore,
et les constellations, troublées, palpitent en leur azur,
plus inquiètes que nos cœurs.
Si je t'énumérais, mon fils tous les présages, la peur te pâlirait.
Le vieux monde fléchit ; les Dieux meurent ;
mon intelligence est vaincue comme ta force ;
la pensée et le glaive ne peuvent plus suffire ;
quelque chose va naître, inoui, indicible, aux flancs de l'avenir.
Les noms ne nomment plus ; les mots perdent leur sens ;
les symboles désobéissent !
Donne-moi ta jeunesse ou reçois mon esprit !

Il faut qu'une âme, en son ardeur sublime,

devance l'avenir, sur les siècles anticipe et déchire les voiles du futur.

La Kaldée politique, le matériel royaume,

ne servant plus aux desseins du Très-Haut, va périr,

serais-tu Nergal en personne !

Mais, si tu découvrais, toi, le premier sur terre,

le nouveau désir du ciel et devinais sa volonté ;

alors ! ô conquérant d'un nouveau monde,

tu sauverais ta race, en lui donnant la vérité future ! Souviens-t'en !

(Exit).

SCÈNE IV

SAR (seul).

Nouvelle angoisse, ce devoir qu'il me laisse,

ce devoir que lui-même formule obscurément...

Devancer l'avenir ! A peine je résous les actuels dangers.

Kaldée ! Que de douleurs j'aurai vécues pour ta défense !

et toi, Babilou ! cité sainte, ai-je pu, un seul jour.

te contempler dans la paix de mon cœur ?

SCÈNE V

SAR, — URUCK (suivi à distance par Samsina).

URUCK

Sublime Mérodack, veux-tu que devant toi paraisse

une femme voilée ? Elle se flatte de révéler un oracle fameux.

SAR (acquiesçant).

Quel oracle ? D'Ilou ?

(Uruck exit, et Samsina s'avance).

SCÈNE VI

SAR, — SAMSINA.

SAMSINA (hiératique).

Aux subtils et aux forts, la parole d'Ilou.
Ce qui s'est élevé de terre retombera inerte,
mais l'œuvre de l'esprit vivra !
Les palais, les temples crouleront.
La pensée toujours planera sur le monde,
jusqu'à l'aube où mon fils naîtra.
Il naîtra sans avoir un père,
il mourra sans avoir un temple.
Alors le glaive ne donne plus la victoire,
le lion retourne au désert ;
le cœur de l'homme enfante un sentiment nouveau ;
le Tau change de forme : c'est l'avènement de l'Agneau.

SAR

Un sentiment nouveau ? Lequel ?

SAMSINA (extatiquement).

Mérodack est l'époux et l'épouse immortels.
L'amour a remplacé la crainte auprès des Mages et des Sârs.
Nimrod le chasseur est maudit.
Gloire aux pasteurs, paix aux brebis !
Un seul Dieu dans le ciel,
un signe unique sur la terre,
la nouvelle justice s'appelle le pardon.
La pitié, la douceur sont les parèdres des hommes purs.
L'agneau se livre joyeux à la dent féroce des loups,
et la colombe vient s'offrir au bec de l'aigle.

Ainsi la paix descendra sur la terre.
Honneur aux victimes et victoire aux souffrants !
Le Tau change de forme ; voici venir l'Agneau sublime !

SAR

Ce que tu récites, écris-le !

SAMSINA

Jamais, pour conserver la prophétie d'Ilou,
la main n'osa suppléer à la lèvre.

SAR

Sois donc ma prisonnière !
Une femme me livre ce texte saint, à mes quémandes refusé !
D'une époque fatale aventure insensée !
Qui t'a révélé mon désir ? Qui t'a révélé cet oracle ?

SAMSINA

Laisse-moi mes secrets, pour récompense.

SAR

Je serais l'obligé d'une femme ? Veux-tu de l'or ?

SAMSINA

Tout l'or d'Ophyr ne payerait pas la divine parole !

SAR

Ton intérêt, à me servir, quel est-il ?

SAMSINA

Ton plaisir, Mérodack !

SAR

Fille d'un scribe, tu as rêvé du lit royal.
Au mois de Tammuz renaissant

j'allais sacrifier au temple d'Istar la belle.
Le peuple attribuait mes malheurs à mon peu de piété pour la Déesse.
Un long cortège de femmes, aux cheveux blancs,
au front ridé, vint se grouper, près de l'autel ;
étonné de voir tant d'aïeules ensemble, j'interrogeai Uruck :
« Fils de Bel », a-t-il dit, « ce sont tes femmes. »
Depuis trente ans, ces fleurs de chair destinées à ma couche
se sont fanées, sans que j'aie respiré leur parfum ;
ces roses et ces lis jaunirent dans un palais,
dont ma sandale ignore encore le seuil.

SAMSINA

Tu n'as jamais dormi sur le sein d'une femme.

SAR

La victoire est aux chastes : je suis l'époux de la Kaldée.

SAMSINA

Parole de diamant et qui me récompense !

SAR

Tu voudrais ?

SAMSINA

Je veux ta volonté.

SAR

Si j'ordonne, tout obéit : j'ai des soldats et des supplices,
et la vie de chacun dépend de mon humeur,
quand l'arc de mes sourcis se fronce.
Jamais encore on n'avait pressenti, deviné mon désir.
Quel est ce sentiment, portant en soi sa récompense,
qui devine et prévoit ?

SAMSINA

A toi qui règnes par la crainte,
j'apporte le premier tribut de l'amour.

SAR

L'amour n'a pas de nom parmi nos Dieux ;
il désigne ce vertige qui pousse les vierges de Kaldée,
aux bras des jeunes hommes, pendant les belles nuits.

SAMSINA

L'amour serait-il pas ce nouveau sentiment, annoncé par l'oracle :
on t'admire, on te craint, on t'obéit... Je t'aime !

SAR

Tu m'aimes..... Ta voix a la douceur des flûtes.
Comment m'as-tu aimé, quand je sacrifiais,
vêtu de pourpre, parmi l'encens des sanctuaires,
ou lorsque, cuirassé d'or, debout sur mon char d'argent,
je sortais pour la guerre ?

SAMSINA

Triomphant et guerrier, tu ressembles à Sinnakirib !
Couvert de poussière et de sang, au lendemain de tes défaites,
ainsi tu m'apparus au sommet de la tour.
J'ai vu un Dieu souffrir en toi !
Tu pliais sous l'énorme fardeau du passé !
C'est le désespéré de la terrasse, au geste fou, aux cris d'angoisse,
interprète fiévreux des présages,
effarouchant la nuit de ses gémissements,
et que l'aube éclairait pleurant sur la Patrie ;
oui, c'est l'agonisant des gloires kaldéennes,
le martyr de Babilou, que j'aime.

SAR

Qui es-tu, femme ?

SAMSINA

Celle qui t'a compris, admiré et aimé, ô grand orgueil souffrant.

SAR

Au lieu de l'alliance avec Juda, on m'apporte l'anathème,
au nom des Dieux que je défends Nakhounta abat mon courage,
et je suis, pour les femmes, un objet de pitié.

SAMSINA

Ah ! ce mot de pitié, redis-le sans colère...
C'est peut-être le mot magique, celui de l'énigme d'Ilou.

SAR

Femme, qui es tu ?

SAMSINA

Ton bon génie !

SAR

Ou une espionne ninivite ?

SAMSINA

Tu m'y forces ? sais-tu pas que le génie du père
se reflète au cœur de sa fille ?

SAR

Eh bien

SAMSINA

Nakhounta porte au front la tiare suprême,
et Samsina sa fille est devant toi.

SAR

L'obscur langage du pontife s'éclaire :
.la trame se démêle qui m'allait enlacer. Va-t-en !

SAMSINA

J'emporte en ma mémoire l'oracle *(mouvement de sortie.*

SAR

Mon épée est fidèle et je crois à mes Dieux.
Mage qui parle, femme qui aime me décevraient. Va-t'en.

SAMSINA (revenant).

Nébo le subtil t'abandonne.
Ta méfiance éclate au plus pur dévoûment,
et l'homme de ta confiance, Uruck, en sécurité te trahit.

(Le Sàr frappe sur le disque suspendu).

Il reçoit le rapport des éclaireurs
et tu ignores qu'une armée ninivite, à cette heure, marche sur Babilou.

SAR (rugissant).

Uruck !

SCÈNE VII

SAR, — SAMSINA, — URUCK.

SAR (à Uruck.)

Sinnakirib ne se lève-t-il pas contre moi ?
As-tu des indices certains qui m'assurent,contre un prochain danger ?

URUCK

Ne crains rien de Ninive, Œil de Bel...

SAMSINA

Uruck, tu mens !

URUCK

Perce mes yeux de ta flèche,
si à cette heure Assour tente rien contre toi.

SAMSINA

Uruck, si tu mens!

SAR

Samsina t'accuse!

URUCK

La folie d'une femme balancerait mes fidèles services?

SAMSINA

Montre donc tes tablettes!

SAR

Il se trouble (le Sàr fait signe à un officier.

SAMSINA (à l'officier).

Aux plis du vêtement il cache un papyrus.

(L'officier obéit à un signe affirmatif du Sàr).

SAR

(L'officier trouve sur Uruck des tablettes qu'il présente à Mérodack. Celui ci y jette
un bref coup d'œil, puis il prend, à côté de lui, la flèche d'or).

L'espion aura les yeux crevés; aux traîtres on arrache les ongles ;
écorchés vifs, on les livre, dans un fossé, aux scorpions et aux vipères.
Emplis de clarté ta paupière, Uruck, — c'est ton dernier regard !

(L'officier a saisi les mains d'Uruck et les lui ramène en arrière; l'espion vient
tomber à genoux devant le Sàr qui darde la flèche).

SAMSINA

Tu voulais me récompenser : donne-moi les yeux de cet homme.

SAR (pointant la flèche)

Non!

SAMSINA

Grand seigneur, diamant des cieux brillants, héros victorieux,
ô Maître de la vie, Soleil ! que ton rayon frappe le cœur du Sàr.

(Elle met la main sur Uruck).

Je te consacre ces yeux pleins de forfaits,
sauve-les, ô Soleil, ô Samas !

URUCK

Ta prière inutile prolonge mon supplice.

SAMSINA

Oh ! la douleur est laide !
Ta main de fils des dieux devient une main de bourreau !
Souviens-toi de l'oracle :
« La nouvelle justice s'appelle le pardon.
« La pitié, la douceur sont les parèdres des hommes purs. »
Commence la grandeur nouvelle, devance l'avenir,
que la Pitié descende sur ton cœur, son premier autel.

(Le Sàr qui a hésité laisse la flèche aux mains de Samsina, qui la saisit et la brise).

O Sàr des prophéties, sublime ! je t'adore !
Vois ces yeux que la seule grandeur aveugle.
Quels miroirs te renverraient ton image aussi belle ?

URUCK (se redressant).

Dieu Mérodack, car tu es Dieu, toi qui pardonnes,
la vierge de Kaldée disait vrai :
Sinnakirib marche sur Babilou :
à la lune nouvelle, tu verras d'ici même la forêt de ses lances.
Rassemble tes légions et sois vainqueur,
toi qui es bon, toi qui es Dieu !

SCÈNE VIII

SAR. — SAMSINA

SAR

Je sens vibrer en moi une volupté sainte,
émoi mystérieux que j'ignorais...
Qui t'apprit, Samsina, le chemin de mon cœur?
Ton père m'irritait et toi tu me convaincs.

SAMSINA

Moi, je t'aime.

SAR

Puisque c'est en mon âme que se joue
le suprême destin de la Kaldée,
avant que le clairon guerrier retentisse,
redis-moi l'oracle d'Ilou.

SAMSINA (appuyée au lit du Sâr et tenant les deux morceaux de la flèche
d'or, en forme de croix).

Ce qui s'est élevé de terre retombera inerte,
mais l'œuvre de l'esprit vivra.
Les palais, les temples crouleront;
la pensée toujours planera sur le monde.....

ACTE II

La scène représente la huitième terrasse de la tour de Babel. — Ciel étoilé sur
lequel se détache la ligne des créneaux en queue d'aronde. — Signes métal-
liques des idoles planétaires : trépieds à parfum et à flammes ; au milieu et
au fond le Tau. — Nuit noire traversée d'éclairs, secouée de tonnerre.
Quand le rideau s'ouvre, Nakhounta regarde à gauche, hors de la scène.

SCÈNE I

NAKHOUNTA (seul).

Quel est ce flot humain qui se heurte au rempart,
agitant les ténèbres, d'un geste de démence ?
Ninivites vainqueurs, Babyloniens en fuite ?
Mes faibles yeux me trompent,
ou bien, c'est la panique, pire que la défaite !
A la brève clarté des torches,
je reconnais l'insigne d'or de la Kaldée.
La peur triomphe, non pas Sinnakirib !
La peur qui change en troupeaux les armées
et chasse, devant elle, les guerriers éperdus,
comme un vent du désert, les vagues de poussière ;
la peur livide, au regard fou, tournant ses armes contre soi.
Lamentable tableau ! horrible page qui finit nos annales.
Malheureux Mérodack, tes guerriers s'écrasent aux portes,

3"

ils se pressent et se renversent avec la fièvre d'un assaut ;
et les chevaux traînent, au hasard des rues,
les charriots de guerre, renversant, mutilant
tout un peuple immobile d'horreur.
Une nuit ! Babilou, voilà ce qui te reste, ville de cinq mille ans !
et l'aurore prochaine sera le flambeau de ta honte, Kaldée !
Etoiles brillantes, regards de la divinité, abaissez vos paupières d'azur :
rien ne remplacera ce qui meurt aujourd'hui.
Qui fera la lamentation sur toi, Babilou ?
Témoin épouvanté de cette tragédie,
je n'exhalerai pas ma douleur ; la robe déchirée, couvert de cendres,
homme de la pensée, je n'ai pas droit aux pleurs.
Mérodack peut crier sa peine et blasphémer !
Au-dessus de mon cœur qui saigne, mon lucide esprit doit planer !
Quelle faiblesse toute humaine nous attache aux formes !
Vous poussez des racines profondes au cœur du prêtre, ô rites religieux !
Ilou, ô Dieu unique, tu rejettes les vieux symboles
pour te révéler à nouveau !
O Triade sacré, Anou, Bel et Nouah ! Père, quel est ton fils ?
O Fils, quel est ton verbe ? Esprit, qui vas-tu inspirer ?
Dieux qui allez mourir, Dieux de Kaldée,
que ce suprême encens vous salue, au seuil de l'oubli !

(Il jette de l'encens sur les trépieds).

Septenaire sacré, recteur des destinées, toi qui nommas les jours,
une dernière fois reçois l'antique hommage.
A l'ambition, aux honneurs tu présidas, Mérodack ;
aux études du Temple, dans les méditations, le mage t'invoquait, Adar ;
Honoré des meilleurs et des pires,
le scribe et le marchand juraient par toi, Nébo.
Grande Dame du Ciel, tu étais le sourire de la terre, Istar ;
piétineur des mêlées, Dieu du glaive,
les héros t'élevaient leur dans la bataille, ô Nergal ;
ô lampe du mystère, ni ton disque ni ton croissant
n'auront plus le doux nom de Sin.

Et toi, Soleil, dans quelques heures
tu seras appelé *Assour*, ô Samas !
Cinq mille ans, ces noms furent les noms divins ;
la Foi vous murmurait, l'espérance en vous se fiait !
Combien de lèvres vous ont balbutiés dans la détresse,
que de mains jointes, que de genoux pliés,
que d'offrandes, de vœux à vos noms !
Et, réponse d'En-Haut à la piété sincère, que de miracles par ces noms !
Les *ex-voto* couvrent les murs du temple :
ici, Samas a donné la santé ou Nébo la fortune ;
là, Mérodack a fait rendre justice ;
ailleurs, Adar a ramené vers la vertu une âme pécheresse ;
Istar accorda l'enfant mâle aux vieux époux ;
Sin a sauvé le naute des tempêtes ;
ou Nergal a permis au soldat de revoir son foyer.
— En vain, je suis parmi les hommes,
comme la grande tour parmi les monuments ;
en vain je conçois et j'adore le Dieu unique, le Dieu sans nom ;
je sais, en vain, la Norme qui limite
la vie aux religions comme à leurs prêtres,
un vertige d'effroi m'affaiblit et m'accable !
Dieux de Kaldée, Dieux qui allez mourir,
que ce suprême encens vous salue, au seuil de l'oubli
où j'aurais dû vous précéder, où je voudrais vous suivre !
Etoiles brillantes, regards de la Divinité, abaissez vos paupières d'azur
et ne ternissez pas votre rayon vermeil
à contempler cette infortune surhumaine,
le Sàr qui survit à son peuple, le Mage qui survit à ses Dieux !

(Il se voile la face et s'affaisse.)

SCÈNE II

NAKHOUNTA, — SAMSINA.

SAMSINA (haletante).

Mérodack est sauvé !

NAKHOUNTA

Mais la Kaldée se meurt !

SAMSINA.

Hélas ! à l'aube, les légions de Sinnakirib
entreront dans la ville sainte, profanatrices et pillardes.
Quel espoir reste-t-il, ô mon Père ?

NAKHOUNTA

Toi seule ! Samsina !

SAMSINA

Hé ! que puis-je ?

NAKHOUNTA

Accomplir l'oracle d'Ilou !
Tu es mon sang, deviens ma pensée.
Je t'ai donné la vie, Samsina, je te donnerai le mystère
Tu es marquée pour un destin sublime.
Le ciel par toi veut se manifester ;
obéis à son ordre, je vais te l'éclaircir.
Malgré ton sexe, qui te voue à l'infériorité,
malgré la tradition magique, je t'ai fait confidente des secrets.
Ta naissance est le fruit de mon vouloir et non du hasard conjugal :
un an, je jeûnai, je priai, je calculai l'état du ciel ;

et mon auguste épouse se prépara, de même, à te donner le jour.

La magie, le génie, n'engendre pas de mâle à son image ;

ses filles seules le reflètent : voilà pourquoi je t'ai voulue.

L'événement va décider de ma sagesse.

Quand le Sacré Collège me donna la tiare,

les institutions étaient saines,

et les Normes suivies, dedans l'état théocratique.

Cependant, je voyais l'Orient vaciller.

Entre le mage, mystique des idées, et le Sàr incarnant l'action,

il manquait ce sentiment nouveau, annoncé par l'oracle.

Entre le prêtre, avare de lumière,

gardien trop jaloux des saintes vérités,

et le Sàr, l'homme-épée déplaçant ses frontières,

déportant des peuples entiers,

il manquait la douceur, la pitié, ce mouvement de l'âme

qui nous fait détester la douleur dans autrui.

Quoique guerrier, Mérodack paraissait seul propre à ce mystère ;

nos volontés se heurtèrent sans fruit.

L'amour, cette passion de l'homme pour la femme

que j'ai vue, et si folle et si forte, au pays de Rama,

l'Amour se révéla le vrai moyen, l'unique !

Il va venir ce lion blessé et furieux, ce torturé de l'âme ;

surgis, profite du désarroi de ses pensées,

et que son front vaincu retombe sur ton sein.

Alors par des baisers, des caresses, par la force du sexe,

berce-lui sa douleur, endors sa volonté,

comme fait la nourrice, au cri incohérent du nouveau-né !

Puis tu murmureras de ta voix la plus douce,

en un chant de berceau, la prophétie d'Ilou.

La chaleur de ton corps, le souffle de ta bouche,

le doux éclair de ton regard,

triompheront bien mieux que mes raisons et les idées.

Malheur si tu hésites ; Samsina, ce n'est plus le père qui parle,

c'est l'Archimage, presque Dieu.

SAMSINA

J'ai devancé ton vœu, Père !

NAKHOUNTA

Dois-je applaudir ou craindre ?

SAMSINA

Décide : le jour où l'envoyé Uruck apporta de Jérusalem
l'oracle d'Esaïe,
à peine tu quittais les jardins suspendus, j'y parus ;
je récitai la prophétie d'Ilou au Sâr,
reconnaissant d'abord, puis soupçonneux :
ma parole ressemblait trop à tes discours ; il crut à quelque trame.
Confondant son inclairvoyance,
je dévoilai Uruck et prouvai sa traîtrise.

NAKHOUNTA

Mérodack lui creva les yeux ! barbarie de ma race.

SAMSINA

Je répétai les termes prophétiques :
« La nouvelle Justice s'appelle le Pardon ;
la Piété, la Douceur sont les parèdres des hommes purs. »

NAKHOUNTA

Alors ?

SAMSINA

Il pardonna.

NAKHOUNTA

O digne enfant, fille de mon esprit, bien plus que de ma chair,
ô prêtresse.

SAMSINA

Uruck avoua son embûche et que Sinnakirib marchait sur Babilou.
Silencieux le Sâr m'écouta jusqu'au soir ;
en quittant les jardins il fit sonner l'appel.
Je l'ai revu, il n'y a qu'un moment, furieux, lançant son char
vers l'avenue des saintes nécropoles où dorment tous nos rois.

NAKHOUNTA

Il évoque les morts qui ne parleront pas ;
il viendra ensuite prier et insulter les Dieux ; alors Prêtresse.........

SAMSINA

Prêtresse, non ! O père auguste, entends l'aveu sincère,
qui m'ôte tout mérite, sans contredire à ton dessein.
Certes, je donnerais ma vie pour Babilou ; je suis ta fille, Nakhounta,
mais n'applaudis pas la Kaldéenne, docile au pontife et au père ;
ne vois en moi qu'une amoureuse, qui suit son cœur.

NAKHOUNTA

Tu aimes Mérodack ! Explique cet amour.

SAMSINA

Ce que j'éprouve est indicible !
Ma pensée, palpitant satellite, gravite autour de son destin ;
le voir c'est de la joie, l'approcher de l'ivresse, le toucher de l'extase.

NAKHOUNTA

Si tu devais choisir, entre ton père et lui.... j'entends...
oh ! ne t'accuse pas : — j'ai voulu voir la force
de cette passion que notre race n'a pas utilisée.
Je bénis la folie qui réalise mon vouloir.
Acolyte penseur, mon aide du mystère.
Samsina, tu deviens l'instrument :
il me faut opprimer son âme, par la tienne,
et forcer cet amour à un rôle divin.

SAMSINA

Serai-je donc punie de ma sincérité ?

NAKHOUNTA

Enfant, je guiderai ton désir vers la joie,
je rendrai vrai, pour toi, le verset singulier :
« Mérodack est l'époux et l'épouse immortels. »
Viens aider mes bras débiles à sauver des trésors.

SAMSINA

Il va venir..... Je voudrais souffrir avec lui.

NAKHOUNTA

Qu'il exhale sa rage ! épuisant l'anathème et les cris,
il le faut défaillant, à bout de forces ; il faut qu'il désespère.....
pour accomplir l'oracle.... et pour t'aimer (Samsina cède à peine au geste)..
l'amour ici fait son office.
Ce dangereux recours pervertirait la parfaite harmonie,
moyen désespéré ; il sauve où tout échouerait.
Les mages ont banni l'amour..... Les mages ont bien fait (Il force du
geste Samsina à le précéder).

SCÈNE III

SAR (seul).

(Il arrive d'un pas fantômatique par la droite : il porte son bouclier retourné et
plein de cendres).

Les morts n'ont pas voulu parler ;
la tombe, à mon appel, redoubla de silence,
et l'écho du sépulcre redit, à mon oreille,

le battement affolé de mon cœur.

Je bravai l'horreur des ténèbres,

j'attendis, plein d'angoisse, une parole, un signe des aïeux :

effroi sans nom de l'immobilité dans la nuit !

Déjà, la peur m'enveloppait de ses frissons comme un reptile ;

la rage m'a sauvé : ma main plongea aux urnes funéraires,

et je remplis mon bouclier de la cendre des Sârs, mes ancêtres. . .

Cette fade poussière, voilà le vestige que laisse l'homme ici !

Toi, dont je suis issu, qui fus jadis un cœur et un cerveau,

une pensée et un courage, poussière, ô forme du néant,

tu es bien le terne miroir où doit se regarder un vaincu !

Destin, Destin, tu brises, en un jour, l'effort de trente années.

Entre moi et l'espoir, cet horizon de l'âme,

tu dresses un mur infranchissable.

Le râle de ma volonté te défie

d'augmenter ma douleur et d'ajouter à mon désastre !

L'orgueil du Kaldéen se dresse encore, dedans l'énormité de sa disgrâce !

O vœu de Sapaya, parole aux Dieux jurée,

ô ma haine d'Assour et de Ninive, quittez moi : je n'ai plus d'armée !

Quand les rois ont perdu leur royaume et l'épée qui le reconquiert,

quel sort peuvent-ils accepter ?

Le Sâr a, pour foyer, l'autel de la Patrie, et pour famille ses légions ;

vaincu, père sans fils, il doit mourir

plutôt que devenir sujet d'un pays où il régna.

J'étais la majesté, l'image de Dieu sur la terre ;

maintenant, fantôme attardé,

spectre qui revient au lieu où Mérodack vécut.

Le Sâr a disparu dans la mêlée ; il a péri, glorieux, sur son char,

écrasé par le nombre de ceux qu'il a tués,

enseveli sous les cadavres qu'il a faits.

Maudit soit l'Archimage et maudits ses oracles !

Quand mon armée s'arrêta et fléchit, au seul aspect du nombre ninivite

je lançai mes chevaux, ceux que j'appelle « victoire à Babilou »,

et j'apparus à la portée des flèches,

semblable sur mon char au Dieu Nergal ;

contre cent mille j'étais seul. O noble, ô douce, ô belle mort !...
A ma vue les arcs s'abaissèrent,
je me souvins que nul n'oserait me tuer
et j'ai fui la honte du prisonnier.
Tant que la rouge liqueur circule en mon artère,
tant que mon front contient de la pensée,
je suis toujours Mérodack l'Obstiné !
— Vous qui mourez en moi, Sârs de Kaldée,
apparaissez à mon angoisse.
Je livre, au feu sacré, votre auguste poussière ; surgissez dans la flamme !
Montrez à votre fils le devoir des vaincus...
Quels pères êtes-vous donc, mes Ancêtres ?
Dans le séjour heureux, oublie-t-on son enfant ?
Qu'ai-je fait? sinon de pieux et de fort.
J'ai marché dans vos pas et suivi votre exemple ;
j'ai prolongé, presque d'un demi-siècle, votre royanté, votre histoire.
Je demande un oracle, j'implore un signe, j'y ai droit,
Ancêtres, au nom du sang, Ancêtres, je le veux ! ....
Sâr qui n'a plus d'armée, Sâr qui n'a plus d'ancêtres,
il te reste... tes Dieux !
Sârs du ciel, vraies majestés,
seigneurs de gloire, seigneurs d'éternité :
je ne suis que votre homme d'armes,
c'est vous que Ninive a vaincus.
C'est votre armée que dispersa la peur, ô Dieux de Babilou !
— Ciel, interviens quand le héros succombe ;
tous les cœurs ont faibli où vous régniez, je suis votre dernier autel.
La terre par mon bras a fait tout son effort ;
ô Dieux de Babilou, faites votre miracle !
Septenaire sacré ! souviens-toi !
Je t'élevai mon cœur dans la bataille, Nergal.
En ton nom, je rendis toujours la justice, Adar.
Ai-je laissé les roses de ton temple se faner, Istar ?
Ai-je menti, Nébo? Tu m'as vu combattre, ô Samas ?
Sin, j'ai pensé sans cesse à la Patrie.

Nul de tes fils n'égala ma piété, Mrodack.

— Septenaire sacré, souviens-toi !.....

Debout, les Dieux ! Immortels, debout !

Sauve ta ville, Ilou, de la souillure ; veille à tes temples, ô Be !

L'aurore éclairera la horde assyrienne

faisant curée de vos trésors et dérision de vos symboles.

Alerte, dans les cieux, ô dieux de Babilou !

Les Dieux ne veulent pas parler :

le Ciel, à mon appel, redouble son mystère,

et sur la tour auguste je suis seul parmi de vaines formes.

Pas une voix, pas un signe ! Si le Ciel était vide ?

Le doute m'envahit comme un poison. (Tonnerre).

Holà ! les Dieux, existez-vous ? J'en veux faire la preuve.

Sourds aux piétés et aux prières, je vous éveillerai de cette léthargie....

J'entends votre tonnerre....

Eh bien ! si vous êtes réels, si vous êtes vivants,

foudroyez le profanateur, exterminez le sacrilège.

Au néant ! Dieux de Babilou, au néant !

Nergal, Dieu lâche ; Adar, Dieu d'imbécillité ; Istar, prostituée ;

toi ! Nébo, l'imposteur ; Sin, astre fou ; Samas, splendide brute ;

toi-même, Mérodack, père que je renie !

au néant ! au néant ! au néant !

SCÈNE IV

SAR, — SAMSINA.

SAR

Le Tau ! le Tau ! je vais changer sa forme !

SAMSINA (s'élance devant le Tau).

Sacrilège ! insensé ! n'y touche pas, c'est le salut !

SAR

Va-t'en, diseuse d'oracles :
malheur à qui traverse l'éclat de ma fureur !

SAMSINA

Je viens te consoler.

SAR

Eh ! tu m'apporterais la couronne de Thèbes, tout le pays du Nil,
que mieux vaudrait offrir un caillou du chemin
à l'avare qui a perdu son trésor.

SAMSINA

Laisse-moi pleurer avec toi.

SAR

L'œil de la femme distille, aisément, cette amère liqueur.
Pour pleurer Babilou, il faudrait que le sang jaillît de tous les pores
jusqu'à l'épuisement des veines, et ce serait encore mesquin.

SAMSINA

Oh ! sois rude et méchant, si cela te soulage.

SAR

Par un sort incroyable, je me survis,
je devrais être fou, du moins !
Je perds le plus beau royaume de ce monde, le plus ancien,
et cependant je garde ma raison.
Admirons l'absurdité des choses :
Sinnakirib a vaincu Mérodack, Mérodack a vaincu les Dieux.
Regarde, ils sont à terre et me voilà debout.

SAMSINA

Ne joue pas avec la démence.

SAR

La démence? Qui sait, une sœur de l'oubli, je l'épouse.
Oh ! m'oublier moi et mon vœu !
Parle-moi de tes rêves, tu me les dédiais, jadis,
Quand je vivais, quand j'étais Sàr !

SAMSINA

Tu m'apparais d'autant plus grand que malheureux.

SAR

Grandeur sans borne que la mienne, qui m'écrase et m'aveugle,
si bien que j'oublie d'admirer ton rare entêtement ;
quelle bizarrerie t'amène vers mon spectre :
tu aimas Mérodack, que veux-tu obtenir de son fantôme?

SAMSINA

Au lendemain de tes défaites, quand tu criais ton désespoir,
gémissant jusqu'au jour, je te contemplais !
Je te retrouve tel que mon cœur t'a reçu, martyr de Babilou !

SAR

Je me souviens : triomphant et guerrier, je ressemblais à Sinnakirib.
Amante des vaincus, je dois te plaire maintenant.

SAMSINA

Sois injuste, mais sois Mérodack ; accomplis l'oracle !

SAR

Les palais, les temples crouleront sous la pique d'Assour !

SAMSINA

Mais l'œuvre de l'esprit, l'invincible pensée........

SAR

Tu verras, à l'aurore, ce que valent les œuvres de l'esprit,
la pensée invincible
contre une armée victorieuse qui pille et incendie.

SAMSINA

L'agneau se livre joyeux à la dent féroce des loups
et la colombe vient s'offrir au bec de l'aigle.
Honneur aux victimes et victoire aux souffrants !

SAR

Au temps le plus lointain de la Kaldée,
on forçait d'une sorte tragique l'avenir à se dévoiler :
une vierge devait s'égorger elle-même.

SAMSINA

Les Mages abolirent cet augure cruel ! Pourquoi l'évoques-tu ?

SAR

Renié par mes pères, j'ai renié mes Dieux ;
à cette extrémité humaine où le bien et le mal ne différencient rien,
la fureur n'a pas de balance.
Tu me redis des paroles obscures, je t'insinue comment les expliquer !

SAMSINA

Tu veux ma mort.

SAR

Je veux oublier l'oracle ou l'accomplir.
N'en redis aucune parole ou bien la réalise.
Crois-tu que ma main hésitât,
si je pouvais m'offrir, moi-même, en holocauste ?

SAMSINA

Le Dieu unique a défendu que jamais l'être humain
tranchât sa propre vie :
« L'agneau se livre aux dents des loups
et la colombe s'offre à l'aigle. »
Ils provoquent la mort seulement.

SAR

La provoquerais-tu ?

SAMSINA

Oui, si tu m'aimais !

SAR

Quand je la possédais encor, ma noble épouse, la Kaldée, je l'adorais ;
maintenant mon amour augmenté s'élève à la fureur,
et ce seul sentiment remplit mon âme et la déborde.

SAMSINA

Comment une passion si noble, engendre-t-elle
des pensées ninivites, dignes d'Assour ?
Tu ne vois donc en moi, la tendre intelligente, qu'un être pur à égorger ?

SAR

Pourquoi es-tu venue ? Va-t'en !

SAMSINA

Je suis venue te redire l'oracle qui contient le salut.
Ce qui m'attarde ici, malgré les injustices,
c'est le culte vénéré de Babilou la sainte.
Qui cacha son amour peut le guérir.
Dans un cœur tout à toi, ne chercher
que du sang à répandre, ô Mérodack !

SAR

Tu me plaignis ; tu m'accuses.
Prodigieux détail de la vie sarcastique :
à cet écroulement d'un monde, un reproche de femme se mêle.

SAMSINA

Ilou se manifeste par la lèvre de Samsina :
       « Le glaive ne donne plus la victoire,
       C'est l'avènement de l'Agneau. »

SAR

Regarde donc le Tau : ses lignes inflexibles démentent ton oracle.

SAMSINA

Si sa forme changeait, croirais-tu ?

SAR

Je croirais !

SAMSINA (à genoux).

Toi qui naîtras, sans avoir un père !
Toi qui mourras, sans qu'on t'élève un temple !
O Dieu Agneau ! ô Dieu Colombe !
Toi qui apporteras la paix ! Dieu de pitié, Dieu de douceur !
Fais ici ton premier miracle, et que le Tau change de forme.
O Dieu Colombe ! ô Dieu Agneau !

SAR

Vaine prière !

SAMSINA (elle se lève et regarde devant elle).

SAR

Sur quoi se fixe son regard ? Elle tressaille !

SAMSINA

Je vois aux flancs de l'avenir se former le nouveau mystère.

SAR

Tu vois tes propres rêves.

SAMSINA

Je vois... je vois... je vois la vérité prochaine.

SAR

Pourquoi suis-je troublé par sa folie ?

SAMSINA

Au loin.... dans l'avenir.... une femme chemine sur une ânesse. ...
qu'un vieillard par la bride conduit.... Où vont-ils ?
Cette femme porte, dans ses flancs, un être précieux ;
elle est vierge pourtant.....
Comme elle souffre ! son terme approche.....
Ils se hâtent en vain..... la nuit tombe.....
Quelle foule en ce bourg..... On dénombre les habitants ...
Hélas ! aucune hôtellerie ne peut la recevoir...
Hélas! hélas ! ils reprennent la route.... les voilà dans les champs. ...
O pauvre, pauvre femme, où vas-tu enfanter ? ....
J'aperçois une grotte où dort le taureau de Kaldée.
Instinct prodigieux ! l'animal sacré mugit, se lève...
La Vierge Mère aura du moins une litière d'herbes sèches.. ..
Quelle clarté... Quelle lumière étrange... Le soleil est pâle à côté ..
L'air se remplit d'esprits qui chantent.....
Le taureau revenu souffle sa chaude haleine sur le petit enfant.....
Voici des rois .... voici des mages..... voici tes fils, Kaldée,
ils apportent l'encens, l'or et la myrrhe.....
ils s'agenouillent..... ils adorent ce nouveau-né !
Oh ! je sens que mon cœur enfante le sentiment nouveau....

4

Ce nouveau-né, cet enfant de la crèche, c'est le Sublime Agneau.....
C'est Lui, qui n'a pas eu de père.... C'est Lui, le fils d'Ilou,
c'est l'attendu, l'appelé, le promis.
C'est le Sauveur, c'est Dieu ! ineffable mystère !

(Elle tombe à genoux les mains jointes et puis s'évanouit).

SAR

Ame très précieuse, miroir où l'avenir s'est révélé peut-être,
continue ta vision suave ;
mon désespoir brutal ressent le doux effet de ta présence,
et ton exaltation m'a donné du répit.

(Il la couche doucement).

Oui, si le Tau changeait de forme, je croirais !
Véridique ou menteur, cet oracle d'Ilou ranime comme un baume.
Mon malheur me rend conceptible un Dieu misérable et souffrant.
Les vaincus aimeraient un Dieu qui pleure.
Celui-là qui va naître au loin dans l'avenir, je pourrais l'adorer ?
Est-ce faiblesse ou clairvoyance,
mon âme est lasse de souffrir ou bien mon esprit s'illumine :
l'orage qui soulevait mon être s'apaise.
Qui donc allume en moi cette lueur d'espoir ?
Aux prières insensibles, indifférents au sacrilège,
les Dieux de Babilou m'ont vu en un moment
pleurer leur gloire éteinte et profaner leurs vieux symboles,
sans que le ciel s'attendrît ou s'indigne.
Nakhounta disait vrai :
« Le vieux monde fléchit, les Dieux meurent ! »
L'éternité refuse de répondre aux incantations du passé.
Comme tarit la sève du vieil arbre les religions finissent,
mais la Divinité toujours présente
se manifeste sous des aspects nouveaux.
Heureux qui le premier découvre le mystère naissant. Serai-je celui là ?
O Tau mystérieux, seul, debout sur la grande tour,

symbòle vénéré des vérités prochaines,
fais, sur moi, ton premier prodige.
Dieu des vaincus, révèle-moi ta force.
Toi qui naîtras dans une crèche
et que réchauffera le souffle d'un taureau,
ô Dieu enfant, reçois l'hommage d'un Sàr
qui n'a dans sa douleur que la tendresse d'une vierge.
A l'humilité tu présides, nouveau Mérodack.
Tu donnes à tous la vérité sublime, nouvel Adar.
Les secrets bienfaisants, tu les révèles, nouveau Nébo.
Ta victoire dédaigne le glaive, nouveau Nergal.
Tu apportes la paix aux âmes, nouveau Sin.
Tu ouvres à tous le trésor de l'esprit, nouveau Samas.
Tu fais aux maux humains un baume avec l'amour, nouvel Istar.
O Dieux très purs, ô Dieux régénérés,
votre premier fidèle ici vous honore.
Je précède ces rois, ces Mages, ces fils de la Kaldée.
J'offre mon sceptre brisé, l'adoration de ma pensée qui s'illumine
et la myrrhe de mon angoisse.
Avenir, Avenir, vers toi je tourne mon audace.
Déchirez-vous, voiles qui couvrez le futur.
Siècles prochains, c'est vous que j'incante.
Avenir, sois présent ! Avenir ! viens ici ! Avenir sois à moi !

(SAMSINA s'est réveillé et se dresse lentement).

Me voici dépouillé de toute gloire.
Ma puissance est tombée à terre, comme un manteau.
O mystère, sois mon refuge.

SAMSINA (encore extatique, répond comme en rêve).

Mais l'œuvre de l'esprit vivra.

SAR

Mes palais demain seront en cendres.

SAMSINA

Toujours la pensée planera sur le monde.

SAR

L'aigle de ton esprit choisira-t-il mon front
pour son aire, ô Dieu nouveau ?

SAMSINA

Jusqu'au jour où son fils naîtra.

SAR

Etre le Précurseur de la lumière !

SAMSINA

Il mourra sans avoir un temple.

SAR

Je suis la main où s'est brisé le glaive.

SAMSINA

Le lion retourne au désert.

SAR

Mon cœur enfante ce sentiment nouveau.

(Une branche lumineuse prolonge la verticale du Tau. Samsina se dresse et crie).

SAMSINA

Le Tau change de forme ! Miracle ! c'est l'avènement de l'Agneau !

(En pythonisse, tandis que le Sàr est en adoration devant le miracle).

Mérodack est l'époux et l'épouse immortels.
L'amour a remplacé la crainte.....
Sinnakirib le chasseur est maudit.. ..

SAR

Un seul Dieu dans le Ciel, un signe unique sur la terre.
La nouvelle justice s'appelle le pardon !
La pitié, la douceur sont les parèdres des hommes purs.

SAMSINA

L'agneau se livre joyeux à la dent féroce des loups
et la colombe vient s'offrir au bec de l'aigle

SAR

Ainsi la paix descend sur la terre.
Honneur aux victimes et victoire aux souffrants !

SAMSINA

Le Tau change de forme! Voici venir l'Agneau sublime !

(Elle tombe à genoux).

ACTE III

NINIVE A BABILOU

(La scène représente un parvis du temple de Bel ; il fait encore nuit).

SCÈNE I

AN-IPNOU (entrée lente et triste).

Matin livide, garde longtemps ta lugubre couleur !
La ville éternelle agonise et je devance, ici, le brutal destructeur.
Archimage d'Assour, Pontife de Ninive,
j'ai su garder un cœur babylonien.
Je reçus la mitre en ce temple,
et tandis que les chants montaient dans les parfums,
Nakhounta me dit à voix basse :
« Flatte les rois, mais ne pactise pas avec un peuple ;
ta patrie c'est le sanctuaire ; même à Ninive, ne sers que Babilou. »
J'ai obéi, je reverrai Nakhounta
avec la joie calme du prêtre fidèle à son vœu.
Je redoute pourtant ses exigences :
le malheur rend impérieux et fausse la notion du possible.
Donner des oracles propices, sauver la vie de Mérodack, était aisé.
En face du désastre, l'Archimage gardera-t il sa raison si lucide.
Sinnakirib voulait profiter du désordre et des ténèbres,
entrer dans Babilou, le fer et la torche à la main :
j'ai fait parler les Dieux.
Ils ordonnent que je sacrifie, avant qu'aucun d'Assour passe le seuil.

SCÈNE II

AN-IPNOU, — NAKHOUNTA.

AN-IPNOU

Le voici, solennel et paisible, comme autrefois !
Quelle puissance d'âme, pour garder cet aspect dans le malheur !
Sainte Magie, seule grandeur humaine, ce vieillard incarne ta splendeur.

(Il s'agenouille).

Hommage au Souverain Pontife de Kaldée !

NAKHOUNTA

Je te bénis, mon frère, relève-toi !
Ce serait méconnaître l'insigne dignité du sacerdoce
et insulter à tes vertus, An-Ipnou,
que de louer ta noble contenance,
toi, prêtre du vainqueur devant le prêtre du vaincu.
Le vrai Mage compose sa conduite de tous les traits de la sublimité ;
nulle excellence en lui ne doit surprendre.
Laissons le vil troupeau des hommes s'étonner à la moindre grandeur
et prodiguer l'encens aux plus minces mérites.
Penseurs subtils, ministres généreux.
nous sommes grands, par habitude.
La religion triomphe en ce jour mauvais
et plane à des hauteurs splendides,
tandis que l'aventure politique se résout pitoyable et vaine.
Partout le fait opprimant l'idée, un monde se désagrège et tombe.
Cependant, ô Mage de Ninive, tu respectes la Métropole, Babylou;
tu obéis, toi qui pourrais commander par la Force,
cher fils, qui reconnais en moi la hiérarchie, ce fondement des vérités !

Mérodack vaincu, Babilou vivra encor, sous d'autres lois.
Je dois sauver les habitants, les monuments.
Dans l'âme de ton Sâr, quelle passion bonne ou mauvaise puis-je exciter ?

AN-IPNOU

Sinnakirib est orgueilleux, féroce et rien de plus.
C'est l'âme d'une brute sous l'armure d'un Sâr.

NAKHOUNTA

L'homme est un instrument sous le souffle du Mage,
ce musicien de l'âme.

AN-IPNOU

Le clairon ne sonna jamais avec douceur,
l'âme du Ninivite ne contient que des barbaries.

NAKHOUNTA

Permets à ma vieillesse de t'enseigner encor, An-Ipnou.
Quand nos frères du Nil voulurent que l'avenir le plus lointain
héritât de leur belle sagesse,
pour conserver, à travers tous les âges,
le nom divin et les vingt-deux nombres,
ils ne se confièrent ni à leurs successeurs, ni aux scribes, ni aux dévots.
Ces connaisseurs de l'homme savaient trop bien
que la seule constance de ce monde est son indignité ;
et ces esprits très purs, très clairvoyants,
n'osèrent s'appuyer aux vertus, si rares et si brèves.
Parmi les vices, ils choisirent les pires :
certains que ces fleuves du mal, au cours infatigable,
iraient baigner tous les rivages du futur,
ils donnèrent alors le nom sacré de Dieu à la colère
et les vingt-deux nombres à la paresse.
Va du Nil à l'Hyperborée, passe les mers, passe les monts :
l'artisan, le rustique harcèle son cheval. en criant le Tétragrammaton ;

parcours les camps et les hôtelleries,
aux mains des voleurs et des prostituées
tu verras toujours le jeu de Thot,
le jeu divinatoire des vingt deux Arcanes.

AN-IPNOU

En un péril aussi impérieux, tu peux encor disserter, m'éblouir!

NAKHOUNTA

N'es-tu pas venu, anxieux de l'effort où j'allais te contraindre?
Par ma lucidité, je te prépare à mes desseins.

AN-IPNOU

Tu es grand!

NAKHOUNTA

Je suis Archimage!
Il faut donc composer un hymne de salut
avec ces deux motifs : orgueil, férocité.
Sinnakirib a courbé vingt peuples sous son glaive
et ses yeux sont repus de tortures physiques.
J'imagine pour lui des sensations nouvelles, surpassant en plaisir
et l'incendie de Babilou et le massacre des Kaldéens.
Depuis trente ans, Mérodack tient l'épée contre Assour.
Trouklat-Habal, Salmanasar, Sargon le vainquirent sans le dompter.
Tu sais l'orgueil du Sàr de Babilou,
eh bien! ce sera la pâture du Ninivite.
il se contentera de torturer l'âme de Mérodack.
Ainsi sera sauvée la Ville Sainte!

AN IPNOU

Mérodack, cet être inflexible, n'obéira jamais à ton dessein!

NAKHOUNTA

Ne songe qu'à Sinnakirib!
Retourne au camp ; furieux, déclare que Mérodack préfère

son peuple égorgé et ses remparts en poudre,
plutôt que fléchir le genou et demander merci.

AN-IPNOU

L'homme d'Assour alors, oubliant la joie de massacrer,
s'entête à vouloir cet hommage... J'entends,
mais que ton Sâr démente ainsi
et l'effort de sa vie et le fond de son âme.....

NAKHOUNTA

Je pensais t'avoir inspiré confiance, An-Ipnou.

AN-IPNOU

Mon admiration s'étonne ; mon zèle ne faiblit pas.

NAKHOUNTA

Va ! tout l'avenir humain dépend de ce moment.

SCÈNE III

NAKHOUNTA (seul).

Concevoir cela n'était rien ; l'impossible commence.
J'ai sauvé les papyrus secrets ;
pendant ce soin, au sommet de la grande tour,
le sort de la Kaldée se jouait entre ma fille et Mérodack.
Pouvais-je intervenir ? Je prépare l'événement, Dieu l'accomplit.
Une nuit, Mérodack te fut donnée pour dépouiller l'homme du sceptre
et devenir l'homme de la Providence
Si la métamorphose est opérée, louange à toi, ô Sar devenu Mage ;
sinon, j'aurais trop vécu,
et tu relèves du néant, désormais, ô Kaldée.

SCENE IV

NAKHOUNTA, -- SAMSINA.

SAMSINA

Nos vœux s'exaucent l'un par l'autre,
Tu es obéi, Nakhounta ; je suis aimée.
Prodige, qui dépasse les prévisions de la sagesse !
j'ai vu, j'ai vu le Tau changer de forme
et prolonger sa ligne vers le ciel, en un bras lumineux !
Le miracle a duré pendant la seconde strophe de l'oracle.
Ne crois pas à un vertige de mes sens !
Lorsque tu me laissas, je courus, je volai ;
sur la terrasse, les symboles des Dieux gisaient, brisés, jetés à terre,
Le Sâr portait déjà une main sacrilège sur le Tau :
je sauvai le signe rédempteur.
Ma tendresse et sa rage s'opposèrent longtemps.
J'eus une extase : je vis le Dieu futur naître dans une étable
et ma vie s'arrêta dans la joie du mystère.
A mon réveil, les versets de l'oracle frappèrent mon oreille,
et malgré ma torpeur, je répondis.
Soudain, je vois, d'un seul regard, Mérodack à genoux qui adore
et sur le Tau, un bras nouveau, un bras de lumièr et de feu !
— Et, preuve du miracle, le Sâr transfiguré dépouillant sa superbe,
plein d'ardeur, prêt à tout entreprendre, à tout subir.

NAKHOUNTA

J'admire cet effet des lois divines
qui nous secourent à l'extrême moment :
je voudrais m'étonner, m'enquérir, envier ;
certes, je méritais d'être témoin d'un tel prodige.

Nous ne sommes ici-bas que les moyens du Verbe ;
il choisit ses miroirs, il élit qui lui plaît.
Qu'importe tels yeux, pourvu que la Lumière soit,
qu'importe la bouche, si la Vérité parle.
Si l'au-delà vermeil a conforté l'âme de Mérodack,
il doit changer tous ses mérites, contredire à lui-même,
incarner l'oracle et se livrer en holocauste
pour le salut du pays et du peuple.

SAMSINA

Oh ! Père !

NAKHOUNTA

Sinnakirib approche : que chacun se dépasse lui-même.
L'exhortation sur la lèvre sera mieux écoutée.
Dis-lui, toi qui l'aimes, que jamais le destin n'offrit pareille gloire.
La tiare sera le prix de son nouvel effort.
Qui a vu la Lumière céleste subira le mauvais regard d'un barbare.
Pendant l'insulte, qu'il récite en son cœur l'oracle.
La fierté ne réside pas à suivre un ennemi, dans la même fureur ;
une vraie volonté résiste au vertige d'autrui
et ne cède qu'à Dieu ou à soi-même.
Dans ses marches guerrières, il a subi l'orage
et maintes fois poursuivi sa route, malgré les éléments.
Eh bien ! Sinnakirib doit lui paraître
un vent de poussière, une tempête à supporter.
Trois volontés puissantes sauront paralyser la brute assyrienne.

(Exeunt).

SCÈNE V

SINNAKIRIB, — AN-IPNOU.

SINNAKIRIB

Suis je pas le vainqueur et le maître ?
J'ai trop plié à tes présages, à tes oracles !
Babilou est sous mon pied, comme un insecte !
J'accepte de venir conférer avec le vaincu ;
et on laisse Sinnakirib attendre aux portes de la ville,
à l'instar d'un lépreux !
Non ! non ! je ne te suivrai plus en tes mansuétudes intéressées.
Tu sers bien moins les Dieux que Nakhounta qui fut ton maître.
Où est-il cet indomptable Mérodack qui si longtemps insulta à Ninive !
Je vais donc voir, en face, le mortel ennemi d'Assour.
Où est-il ? Eh ! vais-je attendre encor ?

AN-IPNOU

Apaise tes esprits, monarque et juge mieux mes soins.
La victoire d'hier ne saurait t'enivrer ;
tu as vu une armée dérisoire disparaître sitôt que rangée.
Le seul triomphe digne de toi serait de forcer Mérodack
à s'humilier, à fléchir le genou.

SINNAKIRIB

Jamais ce front d'orgueil ne voudra se courber.
Les Dieux veulent qu'il vive : je voudrais du moins qu'il souffrît ;
expiant son impiété, le long souci qu'il a coûté,
à mon père Sargon, comme à moi.

AN-IPNOU

Génie guerrier, dressant partout les stèles de la victoire,
tu dédaignes de mettre dans tes actes
ce beau décor qui les rend légitimes ;
et cette entente du cœur humain,
sans quoi les œuvres de la Force périclitent.

SINNAKIRIB

Toujours des arguties et des subtilités, des feintes, des mensonges !
race des Mages, féline et cauteleuse,
et dont le Sàr n'est jamais sûr,
voyants au regard louche, qui poussez vos desseins
en utilisant nos faiblesses,
et qui êtes le frein et l'obstacle imposés par le Ciel.

AN-IPNOU

Ecoute et puis décide :
tu veux que ton vaincu se prosterne ;
proclame que tu pardonnes à la cité, aux habitants,
si Mérodack vient baiser ta chaussure : ainsi, tu le contrains.

SINNAKIRIB

S'il acceptait ? Il faut la curée à la meute, il faut le pillage à l'armée,
et le vainqueur a droit au vol, au viol, à l'incendie !
Cette ivresse est le prix de ses périls, de ses fatigues.

AN-IPNOU

Une orgie suffira : l'armée qui n'a pas combattu exige moins.
Hé ! n'es-tu pas le maître ? Satisfais d'abord ta colère.

SINNAKIRIB

Dans l'air que je respire, une force invisible m'opprime.
Ces murs sont ennemis : et je ne puis ici penser, agir
que contre la raison, au mépris de mes intérêts. Viens !

SCÈNE VI

LES PRÉCÉDENTS, — NAKHOUNTA.

NAKHOUNTA

Sinnakirib, Sàr de Ninive, maître d'Assour, salut.

SINNAKIRIB

Ton Sàr est-il en fuite? La panique de son armée l'a-t-elle aussi gagné ?
Ou n'ose-t-il affronter ma présence ?
Viens-tu m'apporter son hommage?

NAKHOUNTA

Tu oublies qui tu es, qui je suis.
Tu continues l'arrogance des camps
dans le temple de Bel et devant le Pontife.
Le Sàr se tiendra devant toi, selon son vœu.
Je suis le prêtre de ces Dieux que tu invoques pour la victoire.
Je représente encor, brutal guerrier, l'Esprit.
Ma vieillesse ignore la crainte, incline-toi, Sinnakirib !

SINNAKIRIB

Voilà ta façon de désarmer ma colère ?

NAKHOUNTA

Je réponds pour le temple et non pour le royaume.

SINNAKIRIB

Si Mérodack veut fléchir le genou,
je fais grâce à la ville, à tous les habitants !

S'il refuse, j'ordonne le massacre,
même du nouveau-né, des vieillards et des femmes.

NAKHOUNTA

Ton âme est si brusque et changeante que je voudrais un gage de la foi.

SINNAKIRIB

Prends mon anneau, prêtre arrogant, et tremble pour ton Temple,
si le front de ton Sàr ne vient frapper la dalle.

NAKHOUNTA

N'es-tu qu'un bras tenant un glaive, sans cesse ensanglanté ?
Dans la victoire n'as-tu jamais rêvé cette grandeur :
la clémence, que nous attribuons aux Dieux ?
Ton rival terrassé, tu le piétines et tu t'enivres de sa honte !
O vil emploi de la Fortune favorable,
la force vient du sort, mais le droit vient de Dieu.

SINNAKIRIB

La Force, c'est le Ciel entier, c'est tous les Dieux.
Pour les faibles esprits, Mages, vous inventez des fables.
Les Dieux n'aiment que la victoire,
et leur bénédiction se voit au seul succès des entreprises.
J'ai sablé les routes de l'empire en poudroyant les os des ennemis,
et le sang a coulé sous la roue de mes chars,
comme les pampres foulés dans le pressoir d'automne.
Je suis aimé des Dieux !

NAKHOUNTA

Race des conquérants, ò race des guerriers,
honte de la nature, déshonneur de l'histoire, ô monstres et fléaux,
vous n'entrerez jamais dans la vie éternelle.
— Entre le ciel et vous, barrière infranchissable,
se dressera, énorme et empesté, le charnier de vos gloires.

SCÈNE VIII

LES PRÉCÉDENTS, — SAR en robe blanche, sans mitre,
suivi de **SAMSINA** qui porte une corbeille dissimulée sous son voile.

SINNAKIRIB

Te voilà donc enfin, rebelle insupportable, impie, lâche, menteur !
Où sont tes ornements, ô Sàr de Babilou ?
Ton épée, ta mitre, ta cuirasse convenaient mal
au soupirant qui tremble devant moi !

SAR (extatique).

Ce qui s'est élevé de terre retombera inerte.

SINNAKIRIB

Oui, te voilà tombé et tombé sous mes coups.

SAR

Mais l'œuvre de l'esprit vivra.

SINNAKIRIB

L'esprit fut inventé par des mages, rusés et oisifs.

SAR

Les palais, les temples crouleront.

SINNAKIRIB

Je mettrai Babilou en cendres, si tu n'implores mon pardon.

SAR

Toujours la pensée planera sur le monde.

SINNAKIRIB

Ma volonté plane sur ton royaume.

SAR

Jusqu'au jour où son fils naîtra.
Il naîtra sans avoir de père, il mourra sans avoir un temple.

SINNAKIRIB

Panique de l'armée et démence du Sàr! Le doigt des Dieux se voit.

SAR

Le glaive ne donne plus la victoire.

SINNAKIRIB

Vraiment! Et la folie gagnera les batailles.

SAR

Le lion retourne au désert.

SINNAKIRIB

Tu l'y suivras, s'il accepte un vil compagnon.

SAR

Le cœur de l'homme enfante un sentiment nouveau.
Le Tau change de forme : c'est l'avènement de l'Agneau.

SINNAKIRIB

Nakhounta, mon anneau ; j'ai promis le pardon, mais non pas à un fou.

SAR (allure naturelle).

Vie, santé et victoire au Sàr de Ninive et d'Assour,
Sinnakirib, le maître des légions.

SINNAKIRIB

Tu me connais enfin, cessant la feinte. Admires-tu en moi l'invincibilité?

SAR

Oui, je salue en toi la force, cette chose
sans nom, sans règle et qui sur tous domine.
Tu es le fleuve, je suis la plaine submergée ;
tu es le torrent, je suis le caillou roulé ;
tu es la flamme et je suis la forêt en cendres ;
tu es la foudre, je suis le palmier brisé ;
je t'admire à l'égal d'un élément.

SINNAKIRIB

Tu parles comme un scribe et tu mens : tu me hais.

SAR

Mon âme a désappris la haine ;
je t'offre à partager mon seul trésor :
cet oracle que tu as cru l'expression du délire !
Mérodack, que tu vois, n'est pas le même que tu vainquis ;
je suis né une seconde fois par la vertu de ces paroles : écoute-les !

SINNAKIRIB (à Nakhounta).

Eh ! tu l'as rendu fou, Nakhounta : il me propose des énigmes !

SAR

Sinnakirib le chasseur est maudit !
Gloire au pasteur, paix aux brebis !

SINNAKIRIB

Sois berger ; il te conviendra mieux de mener un troupeau
que de paître ton peuple.

SAR

Un seul Dieu dans le Ciel, un signe unique sur la terre !

SINNAKIRIB

Le signe du miracle, c'est le glaive.

SAR

La nouvelle justice s'appelle le pardon.
La pitié, la douceur sont les parèdres des hommes purs.

SINNAKIRIB

Qu'appelles-tu pitié? Qu'appelles-tu douceur?

SAR

L'agneau se livre joyeux à la dent féroce des loups
et la colombe vient s'offrir au bec de l'aigle.
Ainsi la paix descendra sur la terre!

SINNAKIRIB

La paix, rêve du lâche, amour du paysan,
de l'homme de négoce et du scribe aussi!
Tous les êtres assouvissent l'instinct qui les pousse.
L'oiseau a son domaine au ciel, le léviathan dans la mer.
La guerre c'est la vie d'un Sâr.

SAR

Honneur aux victimes et gloire aux **souffrants** !

SINNAKIRIB

Ainsi, tu l'emportes aujourd'hui !

SAR

Le Tau change de forme.
L'**Agneau sublime** est couché sur mon cœur, son premier autel.

SINNAKIRIB

Cesse ce bruit des lèvres, et, vaincu, change de posture. A genoux !

SAR (il obéit lentement).

Dieu qui naîtras dans une crèche,
Dieu des vaincus et des humiliés, sois avec moi !

SINNAKIRIB

A deux genoux !

SAR (au comble de l'effort).

O Kaldée, ô Babilou, qui se souviendra de mon martyre !

SINNAKIRIB

Maintenant, imprègne ton front dans la poussière de mes sandales,
sois prosterné, comme devant les Dieux.

SAR

La mort eût été moins atroce, ô Dieu Agneau, ô Dieu Colombe !

SAMSINA (d'une sorte exhortative).

L'agneau se livre joyeux à la dent féroce des loups,
et la colombe vient s'offrir au bec de l'aigle.

SINNAKIRIB

Voici l'homme ! Dieux d'Assour, et vous, Mages,
contemplez son ignominie !
Mérodack Baladan, redis-nous ton serment, le vœu de Sapaya.
A Kalou, tu tenais l'épée contre Sargon, mon père ;
ta témérité se dressa à Dour-Atktar, à Dour-Yakin.
A Kis, tu échappais à ma vengeance.
Aujourd'hui je frappe sur ta joue, et la Kaldée et Babilou ;
que ton visage impie garde la trace de ma sandale !
Tu peux fuir, car j'ai dit !

NAKHOUNTA

O mon fils, je te bénis et je t'admire.

SINNAKIRIB (arrêtant Samsina qui a repris sa corbeille dorée).

Qu'emportent-ils ? Des objets précieux ?

SAMSINA

Oh ! précieux pour les cœurs kaldéens.

SINNAKIRIB

Voyons.

(Il renverse la corbeille, la terre qui la remplissait se répand).

SAR (se jette à genoux et prend une poignée de terre qu'il baise).

O terre de Kaldée !

NAKHOUNTA (même jeu, à droite du Sàr).

Terre de Babilou !

SAMSINA (à gauche du Sàr, même jeu).

Terre de la Patrie !

(Tous trois à genoux élèvent leurs mains d'où coule la terre. An-Ipnou se voile le
visage d'émotion. Sinnakirib regarde sans paraître comprendre).

ACTE IV

LA MORT DU MAGE

Au désert d'Elam.

Ciel d'un bleu intense, palmiers, découpures rocheuses. — A gauche, débris d'un
temple. — Au premier plan, débris de colonnes. — Au milieu et au fond le
Tau du II⁰ acte.

SCÈNE 1

SAR (seul), puis SAMSINA.

SAR

Silence ! majesté du désert,
reçois l'hommage d'un cœur que la paix a sauvé.
Aucun regret, fantôme d'autrefois, n'offusque ma sérénité.
Silence, guérisseur des alarmes humaines,
tu m'as versé l'oubli du mauvais songe,
où j'étais Sàr et pasteur d'hommes.
Désormais délivré d'un destin accablant
je pense ma pensée et j'écoute mon cœur.
Le sang de mon artère coule calme et rythmé,
et sous mon front les idées s'harmonisent.
Je suis ce travailleur qui finit sa journée assez tôt pour s'asseoir,
et réfléchir avant que le soleil descende du zénith.
A mes côtés, compagnie sainte et douce : Nakhounta ! Samsina !
ces deux sublimités, prophète de l'esprit et prêtresse du cœur !

Postérité, jugement des hommes à venir,
quand tu liras mes signes sur les briques :
que nul n'envie le Sàr, assembleur de légions,
qui fit durer trente ans l'éclair de son épée.
De tout ce grand effort, il reste un peu d'histoire,
tribut sévère que l'on doit aux aïeux.
Disparu de l'arène où les peuples se ruent, tueurs et insensés,
je n'ai plus d'intérêt sur cette terre.
Voici ma page écrite dans les annales de Kaldée.
Je sors du temps et ma vie s'oriente face à l'éternité.
Un temple abandonné pour abri ;
sous les palmiers, des sources ;
l'oiseau que ma flèche atteint dans son vol : voilà tout mon royaume.
Il se peuple pourtant d'idées vermeilles et de beaux sentiments,
au verbe de l'Archimage, cerveau divin,
au sourire de Samsina, cœur adorable.
Destin ! Destin ! barrière dépassée, borne franchie,
j'élève vers toi mon adieu et non plus mon défi, vieil adversaire !
L'orgueil du Kaldéen se sublimise,
et le serment de Sapaya, cœur de ma vie, passion unique,
transfiguré et non pas démenti,
s'accomplira par la puissance de l'Esprit.
Ma haine de Ninive et d'Assour s'appelle maintenant
l'Amour des vérités...
Sinnakirib me semble un rocher de la route
qui me força, passant, à me baisser.

(SAMSINA est entrée et s'approche).

Je suis toujours Mérodack l'obstiné,
non plus ce Sàr, gardien de frontières, défenseur de créneaux croulants,
épuisant son effort à survivre aux défaites.
Conquérant du Futur, adversaire du temps et vainqueur,
je saisis, devant qu'il s'éteigne, le flambeau du Passé
et je le donne à l'Avenir :
soutien de ce qui fut, je prépare ce qui sera.

Je défends, héros spirituel, le Passé de l'oubli,
et l'Avenir de l'ignorance.
Elu par le miracle, vivant anneau,
je relie l'Orient qui déchoit à l'Occident qui monte.
Homme des Dieux stellaires, prêtre du Dieu nouveau,
je vois le flamboiement d'un crépuscule
se mêler aux éclats d'une aurore.
Mes yeux ont vu le Tau changer de forme,
et la Kaldée par moi continue son office.
Dernier de ceux d'avant, pour ceux-là qui viendront
je suis le Précurseur !

SCÈNE II

SAR, — SAMSINA.

SAMSINA

Tu aimas Babylou, tu aimes le mystère
et Samsina fut le passage du rêve de la Force au rêve de l'Esprit !
La Patrie te possédait entier : l'au-delà lui succède.
Tu deviens le fils de Nakhounta, incarnant sa parole austère.
Ma venue ne saurait te distraire des visions calmes ;
Mérodack, tu n'aimes pas, tu n'aimeras jamais.
Jadis époux d'une cité, aujourd'hui amant de l'idée,
tu me dédaignes, tu m'oublies...

SAR

Samsina, tu fus l'ange et te voilà la femme !
O toi qui m'as montré le céleste chemin, voyante de la grande Tour,
prêtresse du Dieu nouveau, ô céleste figure, prophétesse !
Quelle enfant dangereuse vient de se révéler
par tes lèvres suaves, diseuses de beauté, donneuses de bonheur.
Je devrai me défendre, garder ma volonté dans la tendresse ;
Samsina ! ma mission de lumière est ma seule maîtresse.
Je suis l'époux des vérités.

SAMSINA

Hélas ! que suis-je ? Que serai-je ?

SAR

Le sourire parmi les pensées.

SAMSINA

Détresse ! j'ai préparé mon malheur de mes mains,
ma bouche a prononcé la parole terrible,
j'ai voulu me parer du mystère, t'éblouir,
et voici que ton cœur me rejette.....

SAR

N'achève pas....

SAMSINA

Oui, chaque mot, qu'à l'instant je prononce, me diminue, me perd.....
j'avoue ma honte..... une ambition mauvaise me harcèle.....
Cette paix du désert succédant au péril
enfièvre mon ardeur longtemps cachée.
Je voudrais t'envahir et colorer de mon humeur tes heures, tes pensées.....
et parfois l'emporter sur l'idée, mon ennemie vermeille.

SAR

Voilà l'embûche que tu me préparais, Destin !
Cette sérénité si neuve et si douce,
tu devais la troubler d'abord, toi, mon sourire !

SAMSINA

Si le vertige échappe à mon vouloir, si je deviens funeste
je saurai m'exiler de toi.

SAR

Apaise-toi, cher cœur.

Qui se juge et confesse prouve sa force et se maîtrisera.

Tu m'aidas à dompter la brutalité mâle, je t'aiderai à surmonter le sexe.

SAMSINA

Tu t'élèves autant que je m'abaisse !

La Magie opère ses prodiges sur le Sàr soudain sublimé.

L'Archimage déjà succède au monarque guerrier,

je me déteste ! Je pouvais lutter contre le Sàr ; je n'étais que coupable !

Demain tu seras grand Pontife ;

ma rebellion dès lors, insulte jusqu'au Ciel : je deviens sacrilège !

SAR (la relevant).

Tu m'apportas l'oracle, tu m'ouvris l'avenir.

Tu me montras le Ciel, la paix et la vraie gloire.

SAMSINA

La moindre pierre, jetée au gouffre, éveille un vaste écho ;

ma voix suffit pour décider ton âme à connaître

et servir la sainte Providence.

Un seul instant, je fus sublime ;

désormais la folie de mon cœur, néfaste, irréductible.....

SAR

Tu n'es pas l'ennemie, mais l'épreuve nouvelle !

J'aurais découvert la Pitié, la Douceur,

ce nouveau monde que Nakhounta dénomme la sensibilité,

sans un danger, sans un effort !

Il est des musiques anciennes, impossibles à la voix

et que les instruments seuls interprètent !

Ton baiser, ainsi, m'enseigna la tendresse

et j'ignorais le firmament avant de regarder tes yeux.

Ton haleine, exquis commentaire, m'expliqua les parfums.
Aux lignes de ton corps, je connus la beauté.
Quand tu parus sur la terrasse,
envoyée du Destin, messagère de l'Au-delà,
je n'étais qu'un soldat, je croyais à l'épée.
Si j'ai pu enfanter le sentiment nouveau
et si vite quitter la rudesse sémite,
c'est l'œuvre de ton sein, c'est l'œuvre de tes flancs.
L'étreinte de tes bras m'a révélé, par le plaisir, que la douleur est laide.
Gloire à tes lèvres, sacrées proféiratrices.....

SAMSINA

Cette terre séchée boit moins avidement la rosée
que ma pauvre âme le pardon où ta Force si doucement se cache.

SAR

Tu es la lyre suspendue au palmier,
mélodieuse sous les brises et discordante avec le vent,
incessamment, tu vibres.
Obéis aux lois de ton espèce : sois diverse, changeante, inquiète ;
sois femme et sois en paix.
Le cœur de Mérodack défie tout ce vertige.
Si ta raison égalait ta beauté, tu me vaincrais !
Et ton imperfection me sauve.
Ta pauvre âme souvent provoquera ma Force.
Mon très viril esprit toujours, calme et lucide, te soutiendra.
Mérodack est l'époux et l'épouse immortels.

SCÈNE III

SAR, — SAMSINA, — NAKHOUNTA.

NAKHOUNTA

Ne révélez jamais le mystère d'amour, enfants!
Ne fais pas, comme Salomon, un cantique sur Samsina.
La Poésie, cette langue céleste, ne la profane pas,
au gré de tes faiblesses.
J'assiste, en vous voyant, aux passions prochaines ;
j'énumère comment tu fus conçue, et comment, élevée, ma fille,
ta vie d'efforts et ta félicité insigne d'avoir vu le miracle, o Sàr :
assuré sur vous deux, je tremble pour le commun troupeau.
O singulier excès de l'humaine nature,
incapable surtout de sagesse et de paix,
qui, changeant d'infortune, variant ses erreurs,
ne se fixe jamais dans la sainte harmonie !
O proportion, ô nombre, poids, mesure, mots incompris, dédaignés,
seuls noms de Dieu qui ne blasphémez pas.
Hier tout périssait aux mains du Sâr brutal,
aux yeux du Pontife subtil :
l'être d'action obtus, féroce,
ni l'être de pensée, stérile en sa retraite
n'étaient les ouvriers du renouvellement.
Le danger, brusque métaphormose,
jaillit de cet amour qui nous sauva !

SAR

Pieux disciple, et fils obéissant, j'ai racheté ma déraison ancienne.
Mon esprit d'aujourd'hui vaut l'épée d'autrefois.

Je serai fort dans le mystère comme j'étais dans le combat.
L'Amour de Samsina m'enchante. sans désordre.
Même sous son baiser, même sous sa caresse
brille, astre clair, astre libre et puissant — ma volonté.

NAKHOUNTA

Ce sont tes descendants, ce sont mes successeurs que j'évoque :
les Nakhounta, les Mérodack futurs.
Tout le temps du péril de Kaldée,
pilote qui dispute sa nef aux éléments cruels,
je n'ai vu que le port où le salut ouvrait ses bras amis.
Tu as dressé la stèle de victoire, au sommet de la Tour,
héroïque interrogateur des Cieux !
Devant Sinnakirib, bourreau de ton orgueil,
tu as été plus grand que tous ceux de l'histoire !
Babilou conservée, ton peuple sauf,
toi-même devenu cette arche sainte où résident tous trois :
le pays, la ville et le temple :
j'ai détourné mon esprit du présent,
et je cherche l'énigme des temps nouveaux.

SAR

L'oracle d'Ilou la révèle et je la réalise !

NAKHOUNTA

Oui, ton âme en son ardeur sublime, devança l'avenir,
et sur les siècles anticipant, déchira les voiles du futur !
Oui, le nouveau désir du Ciel, tu l'as su deviner ;
et sa volonté tu l'as faite.
Conquérant du monde qui va naître, Sàr de l'aurore,
tu as sauvé ta race : la vérité restera Kaldéenne.
Semblables aux miroirs qui faussent les images,
nous sommes voués à l'excès ;
le bien qui s'exagère s'égale à tous les maux !

Car les rayons divins, eux-mêmes admirables,

en nous illuminant, se décolorent !

Que de crimes commis au nom de la ustice !

Le vieux monde ignora la Bonté,

et le monde nouveau ignorera la Force ;

et l'idole d'alors s'appellera la Femme !

Ce nouveau sentiment à son aube fécond,

splendide lorsque l'idée le règle,

deviendra un élément de mort, pervertissant l'instinct.

On verra les plus nobles êtres oublier le Ciel et le Temple,

et, fétichistes, suspendre leur destin à l'humeur d'une vierge.

SAMSINA

Par quelle indignité, que j'ignore, puis-je évoquer tant de mépris ?

NAKHOUNTA

C'est ta postérité que j'appréhende, les Samsina futures !

Quant aux Mages, mes successeurs,

je les vois abaissant les fluides à un rôle d'esclave,

abuser sans pudeur de la nature et la tyranniser absurdement.

Ce fluide puissant, l'éclair et le tonnerre,

deviendra une lampe vile et prodiguée.

Cette force de l'eau soumise au feu,

qui pourrait mieux que les rames tyriennes, fendre les flots :

ces secrets du métal et de la plante qui triomphent de la douleur ;

ces mixtures terribles qui éclatent s'enflamment

et dont une poignée renverserait la grande Tour ;

tous ces arcanes seront livrés aux plus vils, aux méchants.

L'avenir, l'avenir m'apparaît comme un immense sacrilège !

Dans mille ans, la Magie sera le patrimoine du dernier des brutaux,

et les Mages ayant dilapidé le trésor des sciences

et tué le mystère en le vulgarisant !

Les Mages, alors, errants, maudits, hués, deviendront fous.

SAR

Il s'est trouvé trois cœurs pour sauver la Kaldée !
Si bas que tombe la folle humanité,
toujours quelqu'un se lèvera, parole ou glaive,
témoin et défenseur des vieilles vérités.
Animant des veines nouvelles,
notre sang kaldéen continuera le grand office.
Toujours le front de Babilou dépassera la foule ;
notre Verbe, toujours sera le flambeau de ce monde.

NAKHOUNTA

Oui, notre gloire est sûre, et le mystère qui nous choisit
dès le commencement, nous gardera comme lévites.
Mais la voix, qui crie dans le désert, ne trouve nul écho.
Les hommes de lumière persécutés, suppliciés, ne seront pas suivis,
Souviens-toi de l'oracle : « Il mourra sans avoir un temple. »
Le disque d'or décline : avant cette vesprée, j'ajouterai ma tiare à ta mitre.

(Sâr et Samsina exeunt

SCÈNE IV

NAKHOUNTA (les regarde sortir).

Ils s'aiment, ils s'enivrent d'eux-mêmes : je vais mourir.
Mes calculs sont certains : au crépuscule je quitterai ce corps.
Ame-Esprit j'entrerai dans l'immortalité.
O lourd fardeau de la pensée! écrasante tiare !
presque cent ans je t'ai porté !
Ceux qui furent plus grands parmi les hommes le durent au Destin ;
je n'ai jamais trouvé un rival, un égal !
Que suis-je devant Dieu ? Presque un néant !

J'ai vu des âmes simples sourire,
et recevoir en paix le froid baiser de l'Au-delà ;
le don terrible d'Intelligence me condamne à penser,
à prévoir jusqu'au dernier instant.
Que reste-t-il de moi? Mon reflet sur une âme, ma volonté sur un esprit ;
mais j'ai servi le Dieu qui me créa. Son jugement ne m'effraie point.
La mort, comme ils la craignent tous, les pauvres hommes !
Son nom seul les pâlit.
Ils tremblent devant ce dénouement inévitable,
épilogue forcé de toute vie.
Eh bien ! je te regarde, sans ciler, ô mort,
niveau que nul ne passe, joug du plus grand,
reine des épouvantes et seule chose qu'on n'ait jamais niée.
Tu es un magnétisme étrange qui froidit ;
nous poussant d'un coup si rude,
serais-tu le bienveillant génie qui presse notre pas
sur un seuil de vertige ?
La peur humaine te calomnie : tu rends la liberté à l'âme prisonnière.
Accoutumée à sa geôle, elle recule
devant la pénombre éclatante de l'au-delà.
Sans toi, elle s'obstinerait, préférant végéter au mode d'habitude
que se risquer dans le noble inconnu !
Est-ce déjà la brume funèbre qui s'étend sur mes yeux
ou bien l'ombre du soir ?
A cette heure livide, le génie, la pensée, la science
m'apparaissent dans l'homme à la façon de la lumière sur un miroir.
Nul ne vaut, et l'Idée seule existe.
Vérité, vérité, l'esprit jamais ne t'envisage entière.
L'homme promène son flambeau dans les cryptes ;
l'ombre fuit et se reforme ensuite
sans cesse déplacée, toujours aussi profonde.
Nous résolvons une faible part du mystère, mais, poussant plus avant,
il faut rendre aux ténèbres ce qui était conquis, ce qui était lucide !

SCÈNE V

NAKHOUNTA, — SAR, — SAMSINA.

NAKHOUNTA

Symbole précieux, arcane révélé, signe unique !
Nakhounta, Pontife du Passé, te salue et t'honore, ô clé de l'Avenir !
Image du Très-Haut, révèle ta puissance ;
récompense en ce jour le prêtre qui t'annonça.
Je t'ai connu pendant qu'on t'ignorait, Dieu sans nom, Fils d'Ilou.
Chancelant sous le fardeau de l'âge,
je n'emporterai pas le secret précieux ;
je te donne, pour t'adorer et te servir le dernier Sàr de Babilou (au Sàr.
Fils des rois, reçois avec humilité l'héritage des prêtres.

(Sur le Sàr agenouillé, il tient la tiare suspendue

Au nom du Dieu vivant, au nom du Dieu unique,
pour le temps et l'éternité, ô mon fils, Mérodack-Baladan,
je te sacre Pontife de Kaldée, Archimage d'Ereck, d'Our et de Babilou.
Relève-toi ; nul homme désormais ne t'égale, Pontife universel !
J'ai rempli mon office, mon devoir est fini : je puis penser à moi.

(Au Tau).

Signe mystérieux, daigneras-tu faire un second miracle
et ainsi enchanter des yeux que la mort va fermer.
Oh ! emporter cette vision sous ma paupière,
et tout à l'heure, après la vie, après la mort,
ne pas m'étonner, reconnaître la vérité déjà sentie, déjà contemplée.

SAMSINA

O Père, tu faiblis.

NAKHOUNTA

Que tous les sentiments se taisent,
pour écouter l'intelligence, interroger les Cieux.

(Il s'assied sur la colonne brisée.

Récite, Samsina, l'oracle rédempteur ;
j'emporterai, dans mon oreille, la douceur de ta voix.

SAMSINA

Aux subtils et aux forts, la parole d'Ilou.

NAKHOUNTA

Le subtil Nakhounta et Mérodack le fort se sont unis dans ce mystère.

SAMSINA

Ce qui s'est élevé de terre retombera inerte.

NAKHOUNTA

Oui, les patries, les royaumes finissent.

SAMSINA

Mais l'œuvre de l'esprit vivra.

NAKHOUNTA

Tu l'entends, Mérodack : au sentiment nouveau préside la subtilité :
la Magie demeure tout entière.

SAMSINA

Les palais, les temples croûleront,
toujours la pensée, planera sur le monde.

NAKHOUNTA

« Jusqu'au jour où son fils naîtra »
la seconde personne du Dieu unique

apporte au monde une sublime nouveauté. Car l'oracle est formel :
à la venue du Dieu, la pensée devient secondaire.

SAMSINA

Il naîtra sans avoir un père. — Il mourra sans avoir un temple.

NAKHOUNTA

Il naîtra ! Oui, voilà le mystère où la raison s'effare.
Dieu : l'Absolu, l'Infini, l'Incréé, prenant un corps comme le nôtre,
même au sein d'une vierge ! cela terrasse l'entendement.

SAMSINA

Le glaive ne donne plus la victoire.
Le lion retourne au désert.
Le Tau change de forme.
Le cœur de l'homme enfante un sentiment nouveau.
C'est l'avènement de l'Agneau.

NAKHOUNTA

Au loin... dans l'avenir... parmi des soldats...
un condamné marche au supplice... il porte son gibet...
Stupeur... ce même Tau change de forme !
Cet homme est juste... prophète !
Admirable visage voilé de sang !
Comme on l'a torturé : Mérodack, voici l'heure du glaive !
Saisis l'épée... Défends ce héros méconnu, ce Mage sans pareil !
Ses amis, ses disciples, lâches cœurs, où sont-ils ?
Hélas ! il faut que cela s'accomplisse, il faut que tout soit consommé !
..... Ils l'ont cloué sur le Tau, ils dressent en gibet l'auguste emblème !
Profanateurs et sacrilèges !
Spectacle horrible : on dirait que ce juste porte à lui seul
l'iniquité du monde, et qu'il expie pour l'univers !
Le cœur de l'auguste victime est l'autel du nouveau sentiment

que la terre ignorait. — Nul homme n'égala cet homme ;
il eût pu foudroyer ses bourreaux.
Oh! secret qui déconcerte : sa mort est volontaire !
Comprendre! comprendre encor cela !
O toi qui meurs pour une idée, Maître, ô Divin Maître,
Toi qui connais tout le mystère, oh ! parle-moi, supplicié du Tau,
toi seul es grand, toi seul es bon, victime volontaire.
Toi seul réalises l'oracle. Est-ce pas toi qui juges, après la mort,
ange persécuté, esprit céleste !
Par tes douleurs révèle-toi à mon ardente compassion.
Tu meurs? Dis-moi pour quelle idée;
je veux mourir pour le même salut, dans la même pensée.

(La projection lumineuse du Tau apparaît).

SAR

Miracle!

SAMSINA

Nouveau prodige !

NAKHOUNTA

O seul moment pour lequel jusqu'ici j'ai vécu. Merveille!...
Enfants, ce fils d'Ilou qui naîtra d'une vierge
et mourra sans avoir un temple
me parle et me révèle que ce signe bientôt gouvernera le monde.
Splendeur ruisselante de joie !
Ce juge qui pardonne, ce cœur plein de pitié,
cet esprit de douceur c'est le Supplicié du Tau.
Ici l'Agneau se livre joyeux pour le salut des loups,
et la colombe vient s'offrir pour le pardon de l'aigle.
Ici la paix descend sur la terre.
Cieux ! Mondes ! Esprits ! Humanité ! ô toute créature !

adorez cette mort volontaire qui nous rachète du péché.

Cloué sur le Tau, expirant, c'est l'Attendu, le Promis, le Sauveur,
l'Agneau et la Colombe, c'est DIEU!

(Il meurt).

SAMSINA

Mon père est mort!

SAR

Le mystère est sauvé!

SAMSINA

Mon père!

SAR

Il entre dans la gloire infinie.
Par la vertu du Tau, l'œuvre des Kaldéens vivra,
et la pensée de Babilou toujours planera sur le monde.

FIN

POSTFACE

Beaucoup jugent l'idée par l'homme qui la produit et le plus dédaigneux de l'opinion doit veiller à sa considération dans la mesure même où elle importe aux vérités qu'il défend.

Reconquérir le théâtre, au nom de la Pensée et de la Beauté, sur l'idiotie et la vulgarité, apparaîtra, à tous les bons esprits, une œuvre sainte.

Mais la horde qui vit sur l'idiotie et la vulgarité, n'osant attaquer ni l'Idée, ni le Beau, s'efforcera à ridiculiser celui — prêtre, chevalier ou artiste — qui viendra apporter la lumière dans l'antre où elle cuisine leurs intérêts, leurs vices.

Un homme incarne toutes les bassesses dont le latin dégénéré est capable, un homme est pape de l'idiotie et de la vulgarité, il se nomme Francisque Sarcey ; et il a pour très humble serviteur M. Jules Claretie, administrateur de la Comédie Française.

Par ordre de M. Sarcey, M. Claretie a voulu faire entendre au public que tout ce qui était noble et beau n'était pas scénique et que le théâtre commençait aux matassins et finissait aux coquelinades.

Je suis devenu l'exemple cité à tout propos, par ces messieurs.

— « Vous voyez bien que Péladan lui-même se rend compte de l'impossibilité de ses tragédies, puisqu'il les fait *représenter à ses frais. C'est pour la forme qu'il les offre à la Comédie Française : et il serait, à juste titre, très déçu si nous les acceptions. »*

Je ne sais pas de plus détestable figure que celle de l'auteur méconnu — qui réclame un peu d'attention, s'il vous plaît, comme un aveugle demande un petit sou sur le pont des Arts. Mais cette figure a été vécue par de sublimes personnages : et aux yeux du chrétien et de l'initié, le malheur sous n'importe quelle forme, ressemble mieux à une palme qu'à une honte.

Qui donc contestera à l'homme qui se croit méconnu le droit de provoquer un équitable jugement, surtout si cet homme se considère lui et son œuvre comme un moyen de lumière, vers un but d'éternité.

J'ai réuni en postface, ce que je pourrais appeler juridiquement le dossier de Babylone et de Prométhée, deux efforts qui valent bien l'examen, ce semble.

Le lecteur conquis par la lecture de l'œuvre s'intéressera à l'aventure de cette même œuvre : et celui que j'aurai déçu fermera ce livre avant ces pages de combat.

Je dois associer à la fortune de mon œuvre ceux qui l'ont comprise et défendue, comme les autres qui l'ont méprisée.

Eschyle, mon sublime maître, confiait son œuvre au temps : je lui confie aussi le nom de mes partisans et celui de mes adversaires.

Quand la justice viendra pour moi, elle viendra aussi pour eux, et j'obéis ici plus à la gratitude envers les uns qu'à la vengeance sur les autres.

S. P

OPINION DE LA PRESSE

REMARQUE

Les journaux littéraires ou soit disant tels :

FIGARO,

GAULOIS,

ÉCHO DE PARIS,

GIL BLAS,

n'ont pas daigné parler comme les journaux religieux du reste.

SOLEIL,

UNIVERS.

MM. Francisque Sarcey,

Henri Fouquier,

Jules Lemaistre,

ont déclaré qu'ils n'assisteraient jamais à une œuvre de Peladan.

BABYLONE

ET LA COMÉDIE FRANÇAISE

ET LA PRESSE

Cher Monsieur,

Envoyez-moi *Babylone*, je vous assure que si la pièce est, comme on dit, jouable, je serai enchanté de vous prouver ma sympathie littéraire.

Salutations sincères.

Jules Claretie.

2 Mars 1893.

Cher Monsieur, vous me mettez dans une situation délicate : vous me demandez l'avis du Comité, et vous annoncez en même temps la représentation prochaine de votre tragédie. Le Comité ne pourra prendre connaissance du rapport à lui présenté par nos lecteurs que dans la réunion de la commission d'examen qui aura lieu le mois prochain. Et, d'ici là, vos répétitions auront marché vite. C'est donc moi seul qui prendrai la responsabilité d'une opinion très franche. Encore un coup, le lettré n'est pas en cause ; votre style se déroule avec la majesté d'un manteau de pourpre. J'ai pris à vos longues tirades, aux cadences harmo-

nieuses, un plaisir que le public, en son impatience, ne partagerait pas. J'entends le public ordinaire, le bon public qui, ce n'est pas moi qui le dis, mais Gœthe, un sûr juge, a toujours raison contre nous.

Gardez Babylone *pour les initiés, pour les raffinés, pour les curieux, ceux-là vous applaudiront. Les autres vous contesteraient.*

Edmond About a écrit un joli volume : Le Théâtre impossible. *Votre tragédie est... comment m'exprimer...?* du théâtre suprapossible *ou* supra-impossible? *Tel est du moins mon avis, et que les siècles à venir me maudissent, comme vous m'en menacez.*

Je ne vous maudis pas, moi, au contraire. Je vous lis avec un véritable plaisir, et j'irai de même vous applaudir chez vous, et de tout cœur.

JULES CLARETIE.

18 mars 1893.

LE JOURNAL

Babylone! sans doute, il faut blaguer, mes frères; le masque le veut. Eh bien, non, je ne blaguerai pas. J'ai été tout cet hiver assez respectueux, poli, courtois pour des comédies drôles, des vaudevilles stupides, des drames rococos.

Le Sâr Péladan a beaucoup de talent; et sa tragédie, *Babylone,* même dans ce décor de baraque, a de la *grandeur wagnérienne.* Gens de Paris, faites tout de suite ce que vous ferez demain ou après, allez applaudir un des plus vrais artistes de ce temps.

FÉLICIEN CHAMPSAUR.

LE VOLTAIRE

C'est du théâtre philosophique très clair ; la moralité
en est haute et pure : le drame est tracé à grandes lignes
et les personnages un peu rigides sont de taille surhumaine.... Cette action philosophique est partagée en
belles scènes de théâtre, et elle enferme de grandes pensées. La langue en est toujours sonore, harmonieuse,
prose rythmée qui a les envolées du vers et non la mo-
notonie de l'alexandrin tragique. *Babylone* est certainement une œuvre forte et nouvelle.

M. Joséphin Peladan est certainement mage en l'art
d'écrire des poésies superbes.

Victor de Cottens.

L'OBSERVATEUR FRANÇAIS

..... Dès maintenant je considère comme un devoir de
saluer en M. Péladan un auteur tragique de grande envergure..... Il fallait que *Babylone* fût œuvre d'une puissance irrésistible pour exciter de l'enthousiasme dans un
cadre si mal approprié..... N'accusez que l'insuffisance de
cette analyse, je vous assure qu'à la scène les situations
se succèdent avec une simplicité, une grandeur, une
clarté incontestables..... Il y a à nommer plus et mieux
que du talent dans *Babylone* : j'ai entendu prononcer près
de moi le mot de génie, et personne n'avait envie de
protester.

M. Péladan se propose de remettre sur pied, l'année
prochaine, le *Prométhée d'Eschyle*, il est homme à réaliser
ce projet colossal.

Chassaigne de Neronde.

LA LIBRE PAROLE

De fait, c'est par la cérébralité, bien plus que par la sensibilité que M. Péladan, qui se réclame du maitre de Bayreuth, peut se dire wagnérien. De Wagner, il imite la vision ; il n'en rappelle pas la vibration. La formule wagnérienne tressaille ; la sienne officie. Il y a le maximum d'humanité frémissante dans le formidable génie de Wagner ; il y en a le minimum dans le talent tout hiératique de M. Péladan .... Si, au lieu d'être fils de Wagner, Lohengrin était fils de M. Péladan, je doute qu'il se fût dérangé pour venir au secours d'Elsa : il eût préféré, vêtu d'habits sacerdotaux, pontifier solennel et pacifique dans une chapelle de l'église de Montsalvat.

Babylone, cette œuvre très voulue, qui, audacieusement voisine avec des merveilles (c'est pour elle un péril ; elle évoque en la mémoire des choses qui font tout pàlir), occupe une place curieuse dans la forte famille mythique à laquelle elle appartient. Lorsqu'on l'écoute, elle donne la volée à des souvenirs magnifiques. Parsifal, le très pur, avec ses fougues, ses épreuves, ses douleurs et ses triomphes, se dresse dans la mémoire .. Comme tous les Boudhas, comme tous les êtres du cycle radieux qu'on pourrait appeler le cycle du renoncement, Mérodack est une volonté gouvernée par l'idée.

Rarement mieux que dans *Babylone* s'est affirmée la maitrise de l'âme virile, mariée à l'entendement, sur l'âme féminine, épouse du sentiment.

En montrant le Mérodack de *Babylone*, je n'ai montré que le reflet. La lumière c'est l'archimage, Nakhounta, pensée radieuse, éternelle, qui toujours s'élève et domine les contingences.

La pensée ressemble au Graal. Parfois des ténèbres la voilent et la fougue de l'appétit la menace comme le poing crispé de Klinsor menaçait le sang de Jésus.

C'est un mérite pour le beau quatrième acte de *Babylone* de fouetter la mémoire et d'évoquer le souvenir de Parsifal.

EMILE DE SAINT-AUBAN.

NATIONAL

Cette fois, son ample rhétorique a été rendue au théâtre de l'Ambigu, devant un public nombreux et sympathique. Sans doute l'art de M. Péladan a des tendances hautes. Nous devons écouter ses pièces, lire ses romans avec le désir de voir leur élévation. C'est ainsi que nous nous rappelons avoir l'autre année reconnu les qualités littéraires et même les mérites dramatiques de cette œuvre, tout en faisant des réserves sur l'intérêt.

LE PARISIEN

Le public s'est trouvé mieux à même d'apprécier à l'Ambigu les nombreuses et éclatantes beautés qu'elle renferme.

Il était venu nombreux ce public, et les dispositions assez malveillantes dont beaucoup de spectateurs étaient animés n'ont pas osé se manifester. Les plus sceptiques comme les plus hostiles se sont laissés séduire ou intimider par la grandeur de l'œuvre. Le rideau s'est baissé sur une salle attentive et recueillie, oublieuse des étrangetés de l'auteur.

7

MONDE ILLUSTRÉ

Wagnérienne ou non, *Babylone* n'en reste pas moins une œuvre sérieuse et forte, d'une grande élévation de pensée et d'un solide mérite littéraire.

L'ILLUSTRATION

Le Sâr a donné à l'Ambigu une tragédie non sifflée, applaudie même, *Babylone*... . Le Sâr est une variété de Yankee : le Yankee babylonien.

Rastignac.

GAZETTE DE FRANCE

Recueillons l'impression produite hier sur le public : une langue superbe, colorée, nombreuse avec une extrême élévation de pensée, avec des expressions d'une exquise poésie et des effets d'une rare puissance tragique ; mais une tournure générale plus philosophique, plus lyrique, plus énergique si vous voulez que dramatique. C'est bien le caractère wagnérien que M. J. Péladan y veut attacher ; figurez-vous *Parsifal* sans musique. — Il faudrait en outre, pour que l'œuvre ne fût pas trahie, les ressources scéniques, et l'interprétation supérieure d'une grande scène et d'une véritable troupe. Si l'on pouvait faire pour *Babylone* ce qu'on a fait pour *Antigone*, on verrait des merveilles.

Henri de Curzon.

LE JOUR

Cette tragédie qui contient des scènes vraiment belles a été bien accueillie par le public, qui, à l'issue de la représentation, a réclamé M. Joséphin Péladan. Le Sâr s'est refusé à paraître en scène.

Mme Sarah Bernhardt qui assistait à la représentation est venu féliciter l'auteur après le troisième acte.

Gelys.

L'EUROPE ARTISTE

... Quand réentendrons-nous cette merveilleuse tragédie si bien faite pour élever notre esprit au-dessus de son enveloppe matérielle : quand entendrons-nous *Prométhée* ?

LA PAIX SOCIALE

La conception un peu abstraite de cet ouvrage est d'un ensemble grandiose, le style majestueux se déroule en longues tirades dont la cadence berce harmonieusement l'oreille. C'est sans fatigue qu'on écoute ces quatre actes de poésie élevée.

Rougie de Bellombre.

LE SIÈCLE

Quel dommage que M. Péladan si brillamment doué au point de vue de la rhétorique théâtrale gâte par son attitude de Sâr et ses prétentions d'archimage des qualités de tout premier ordre.

Débarassée de quelques longueurs cabalistiques et de
quelques détails de mise en scène qui font sourire, *Babylone*, la tragédie refusée à la Comédie Française et jouée
hier en matinée à l'Ambigu, serait très suffisamment intel-
ligible et même assimilable pour le grand public : je ne
vois pas du tout que ce soit du théâtre « supra-possible
ou supra-impossible » comme l'écrivait M. J. Claretie à
l'auteur, dans une lettre que celui-ci a eu la malice de
publier en queue de son programme.

LE PAYS

Un public plus nombreux que celui de l'an dernier au
Dôme Central connaît aujourd'hui cette œuvre puissante
d'une forme achevée.

JOURNAL DE GENÈVE

Plusieurs journaux en rendent compte. On ne dit pas
que des sifflets se soient fait entendre, ni même des rires
tout haut. On n'a pas idée de l'indulgence, de la patience,
de la complaisance de Paris.

LE TEMPS

L'assistance sympathique ne demandait qu'à applaudir.
Elle en a trouvé plusieurs fois l'occasion. Il y a de belles
scènes dans l'œuvre de M. Péladan à laquelle on ne saurait refuser les trois caractères de la dignité des personnages, de l'élévation constante du langage et de l'abstrac-
tion du sujet.

LE MONITEUR UNIVERSEL ET LA REVUE
D'ART DRAMATIQUE

Il n'est pas démontré qu'à la Comédie Française *Babylone* n'eût point forcé l'intérêt, voire l'émotion ; il ne serait pas tout à fait imprudent de le supposer, car deux au moins de ces quatre actes — le second et le troisième — sont bien ce qu'on est convenu d'appeler « du théâtre » : ils contiennent tous deux autant d'action qu'il faut pour satisfaire aux exigences du vieux gaufrier dramatique. Cette action est même si forte qu'elle n'a pas semblé ici très inférieure ni aux plus poignantes situations d'Eschyle ou de Shakespeare, ni à l'intensité de la pensée commune qui domine les trois grandes figures de la tragédie.

C'est, au demeurant, le crépuscule des Dieux de Kaldée ..... Rien ne peut exprimer l'ivresse de son désespoir (de Mérodack), ni les coups de révolte, de prostration d'Hamlet, ni les imprécations d'Œdipe ne nous avaient donné une impression plus grande que ce déchirement... L'ensemble est un magnifique morceau de littérature... Qui voudra croire que sous la tignasse d'astrakan qui couronne sa tête de Sâr, M. Joséphin Péladan puisse avoir un peu de génie. Et pourtant c'est vérité.

Pendant qu'il tenait ces tréteaux assez coûteux, M. Péladan en a profité pour remonter le « Fils des Etoiles », sa wagnérie en trois actes, qui, présentée l'an dernier dans le cadre insuffisant de la galerie Durand-Ruel, avait été, on s'en souvient, si légèrement discutée.

On a cette fois accueilli avec beaucoup d'intérêt ce qui est l'embryon d'où devait sortir *Babylone*. A ce titre,

on peut dire qu'il est à cette tragédie ce que « Tann-
hauser » fut à « Lohengrin ». D'ailleurs les points de
tangence sont frappants.

Cette « proportion » ne saurait être pour déplaire à
l'auteur qui appela son *Rienzi* sa première pièce, le prince
de Byzance, refusée, comme les suivantes, à la Comédie
Française.

Si nous considérons, en outre, que par ses situations cul-
minantes le « Fils des Etoiles » fait songer : au premier
acte, à *Tristan d'Yseult*; au deuxième, à *Parsifal*, au troisième, aux *Maîtres chanteurs* et encore à *Parsifal*; en voilà
plus qu'il n'en faut pour justifier le vocable amusant
de « wagnérie..... » — Les plus récalcitrants ne sont pas
toujours les plus sots : témoins les trois meilleurs, peut-
être, de mes confrères, que j'ai adjurés en vain de se
rendre au Champ-de-Mars, et qui en ont reçu l'offre avec
indignation. Certes, ils céderont fatalement quelque
jour, mais ce jour est peut-être encore loin.

L'ARTISTE

La représentation de *Babylone* a failli être moins qu'un
événement, moins même qu'un incident, puisque la
critique n'a pas jugé à propos de s'en occuper. Ah! s'il
s'était agi de blaguer *Babylone*! Mais l'admiration s'im-
posant, on devait se taire.

Le spectacle ne cesse d'imposer l'intérêt en raison même
de la pureté sans tache de la forme et de l'élévation constante de la poésie.

Le public des deux représentations données à l'Ambigu,
ému et transporté par cet art idéaliste et mystique, a
applaudi avec sincérité le poète qui l'élevait à de telles
hauteurs.

CAMILLE BAZELET.

LA FRANCE

Ce Lyonnais, bien instruit, savant, quelqu'un en somme,
qu'on le veuille ou non, on ne peut nier l'incontestable
puissance de conception de l'auteur et sa haute donnée
philosophique. Le premier acte est le meilleur : c'est l'a-
daptation du mythe de « Parsifal » ; nous sommes en plein
Graal, la supériorité de l'esprit sur la matière, de l'idée sur
la force.

Le troisième est long et fastidieux ; cependant Picard
déclare que c'est sublime, et Mœterlink, qui se trouve
dans ma loge en ce moment, un peu froid, presque las, se
déclare empoigné..... Tout cela n'enlève pas l'étincelle de
génie qui surnage dans le puffisme. » Pièce étrange, admirable, absurde.

LE MATIN

Sâr Péladan est décidément un ôseur. Voilà qu'a-
près avoir fait jouer ses tragédies : *Fils des Etoiles* et *Babylone* au *Dôme central du Champ-de-Mars*, il va conquérir
les planches jusqu'ici médiocrement mystiques de l'Ambigu.

Au *Dôme central*, la presse fit peu de bruit, la critique ne
s'y rendit guère, si bien que la représentation sur une
scène centrale, cette fois, peut bien constituer une véritable « première.... »

— Voulez-vous bien aller jusqu'au bout de votre thèse
et nous donner votre opinion sur le théâtre : Prendre pour
sujet des idées, pour personnages des personnages nobles,
rois, princes, prêtres, etc. Il doit être un « théâtre-temple »,

il doit s'en dégager une impression hiératique. Ce théâtre-
là doit être le mystère mis en mouvement. Tout autre
sera inutile, sinon même « scatologique » (*sic*).

AGENCE HAVAS

Rien de plus ennuyeux, de plus monotone ....

Lebey.

LE SIGNAL

En somme, malgré l'espèce de conspiration du silence
organisée par une certaine presse autour de cette œuvre
hautement idéaliste, grand succès et très nombreux rappels pour les interprètes et pour l'auteur, qui, nous ne
saurions trop l'en féliciter, a eu le bon goût de ne pas céder
aux appels réitérés du public et qui s'est abstenu de venir
saluer sur la scène à la façon d'un ténor italien.

L'UNIVERS ILLUSTRÉ

Jules Claretie avait raison. Le style se déroule avec la
majesté d'un manteau de pourpre.

LA RÉPUBLIQUE FRANÇAISE

Un public emballé a été celui d'hier à la représentation
de *Babylone*. L'œuvre du Sâr Péladan, représentée à l'Ambigu, a été acclamée par une salle réellement enthou-
siasmée.

LE JOURNAL

La représentation d'hier à l'Ambigu a été, paraît-il, un gros succès pour le Sâr Péladan. *Babylone* a été acclamée avec frénésie par un public enthousiaste.

Nous aurions été heureux d'applaudir personnellement à ce succès, si le Sâr avait daigné descendre de son nuage pour convier à la première ses modestes confrères de la critique.

JOURNAL DES DÉBATS

Une vague vision de christianisme. Cela explique sans doute l'exclamation admirative poussée dans les couloirs de l'Ambigu, par les fidèles de l'auteur. « Depuis *Polyeucte*, on n'avait rien vu de pareil. » Avant même, il ne nous semble pas certain qu'on retrouve l'équivalent de cela dans aucune littérature. Et des gens bien informés prétendent que le Sâr Péladan est bien sérieux quand il convoque 1200 personnes à des représentations de ce genre. Combien ce serait plus amusant et plus raffiné si nous étions sûrs qu'il se moque froidement de nous. »

M. S.

M. Péladan a dénommé le *Sâr de Babylone*, Mérodack, comme le héros de son éthopée. Soit. Mais il lui a donné un nom de famille, et ingénument il lui a donné le sien. Le premier roi de *Babylone* s'appelle Péladan, tout comme l'auteur du *Vice suprême*. Et pourtant, il y a quelque chose dans cette œuvre bizarre. Au milieu du fatras, une phrase éclate d'une beauté singulière : la pensée est originale, la forme somptueuse. Et l'on serait tout près d'admirer, mais Péladan, Sâr de Babylone.... Que faire contre cela?

S. T.

LA PATRIE

Cette œuvre mystique a profondément remué une assistance qui n'était point composée que d'amis. Dans la salle, se trouvaient des spectateurs hostiles, venus là pour rire, pour se moquer, pour déclarer tout haut que cette tragédie wagnérienne ne valait rien du tout. Or, la surprise a été grande chez certains, et *Babylone*, une fois de plus, fut un succès.

Telle qu'elle, cette tragédie est déjà remarquable.

Le troisième acte est absolument grand.

Le Sâr Péladan, malgré tout ce que l'on dit contre lui, a du talent, beaucoup de talent : *Babylone* est une œuvre.

LE SILLON

Son originalité de mauvais aloi masque l'autre très réelle, et très digne d'attention, répandue abondamment dans sa tragédie, si peu conforme à nos traditions scéniques, si captivante pourtant, et j'ose dire, si sublime !

Je crois qu'il fallait beaucoup d'âme pour concevoir un tel sujet, beaucoup pour l'exécuter, beaucoup pour le comprendre et le goûter.

Augustin Léger.

LE PHARE

A part le théâtre antique et quelques pages de nos grands classiques, je ne connais pas d'œuvre approchant de *Babylone*.

. . Voilà l'œuvre que M. Claretie n'a pas trouvée digne

de figurer sur l'affiche à côté de *Cabotins,* voilà l'œuvre qu'un public a acclamée contre toute la presse.

Je crains fort que la mémoire de M. Claretie ne soit quelque peu.... endommagée d'avoir fermé sa porte à *Babylone,* tandis qu'il l'ouvrait au *Monde où l'on s'ennuie.*

ALBERT FLEURY.

DURENDAL

Tandis que le plus abject vaudeville est discuté en plusieurs colonnes dans les quotidiens, un silence presque absolu fut gardé par la presse lors de la représentation de *Babylone.*

Il importe de rompre cette conspiration du silence et d'exalter, comme il convient, le grand artiste qui s'efforce d'atteindre la Beauté souveraine... Telle est cette œuvre extraordinaire dont certaines parties sont sublimes.

HENRI BORDEAUX.

LA REVUE DRAMATIQUE

Babylone est une pièce fort bonne, capable de tenir, sauf quelques minimes retouches, à la mise en scène sur un grand théâtre. L'application du leit motiv wagnérien est des mieux entendue; les *duos, trios,* à l'instar du drame lyrique, sont d'un grand effet. Comme œuvre littéraire, je ne saurais trop admirer la main de l'artiste, dont la prose savamment rythmée, ingénieusement parsemée de délicates assonances, donne fréquemment l'illusion du vers libre cher à ceux affinés de notre époque.

Les personnages sont bien observés et dénotent une

belle intuition de l'antique. Quant à l'esprit philosophique de M. Péladan, il est supérieur, et l'âme ne peut
que grandir à son contact.

EDMOND BAILLY.

LE THÉATRE

C'est aussi le Christianisme qui triomphe dans la tragédie wagnérienne que le Sâr Péladan a fait jouer à l'Ambigu : *Babylone* n'est connue que d'un groupe d'initiés ; et
pourtant elle est des plus intéressante par son mysticisme dans sa forme d'épopée dramatique en quatre parties. C'est comme une évocation touchante des mages et
de la magie des premiers siècles.... Sur cette donnée un
peu confuse, l'auteur a su, dans une langue admirablement
belle, procurer au spectateur une impression profonde.

Certains passages sont de toute beauté et ont été lon-
guement applaudis. C'est du vrai mysticisme et du plus
troublant.

QUENTIN-BAUCHART.

PARIS

Cette tragédie, débarrassée des déclamations amphi-
gouriques, des banalités emphatiques, des redites, du
tintamarre des mots barbares, devient un drame très
simple avec scènes de tout premier ordre et morceaux
de bravoure de réelle grandeur. Aux titres étranges
dont M. Péladan s'affuble, il pourrait à la rigueur substi-
tuer celui plus modeste d'auteur dramatique.

JEAN JULLIEN.

LA VIE PARISIENNE

Mais il serait peut-être utile de conseiller aux bonnes
gens de ne pas trop se moquer de ce Sàr, qui est peut-
être un fumiste, qui n'a pas de talent, mais qui a certainement des éclairs de génie. Ne riez pas ; c'est vrai.

L'ŒUVRE D'ART

Je maintiens que c'est immensément grand. Au second
acte, j'ai songé à Sophocle..... Le quatrième acte entier se
soutient glorieusement dans la puissance et la sublimité.

GEORGES COCHET.

LE MONDE ARTISTE

La scène des faux dieux, surtout, a produit un irrésistible effet..... Le Sàr a grand tort de ne point faire de
vaudeville, il y réussirait infailliblement.

MERCURE DE FRANCE

C'est une fort belle chose....... Babylone est d'une
grande allure... ... C'est, je pense, le sens de cette
tragédie superbe, où l'éloquence du style marche de pair
avec la magnificence des scènes. Le premier acte, qui, par
une progression d'un charme intense, amène le Sàr jusqu'au premier frisson d'amour, est une pure merveille.
Au second acte, la scène de fureur où Mérodack, vaincu
par Sinnakirib, roi de Ninive, insulte ses dieux et brise
leurs images, vibre d'un beau romantisme. Le miracle

du Tau qui change de forme et devient la croix produit
grand effet; il symbolise bien le passage de l'Ancien
Monde au Nouveau, de la Chaldée au Christianisme, et
c'est l'âme de M. Péladan, tout entière, où la vieille
magie de l'Orient et le mysticisme catholique se fondent
en une foi d'ordre supérieur. Encore une très belle scène
au troisième acte : celle où Mérodack, pour sauver Babylone, consent à s'humilier et à baiser la terre devant son
vainqueur. A ce moment, il n'est plus un homme, il est
un Dieu; il est plus qu'un Dieu, il est Jésus lui-même....

LOUIS DUMUR.

ERMITAGE

Après une reprise du curieux *Fils des Etoiles*, on nous
a convié à la première d'une tragédie d'un beau romantisme, *Babylone*..... Et, à chaque pas, de merveilleuses
sentences, de sublimes tableaux, une langue belle et
harmonieuse. C'est l'œuvre d'un poète et d'un penseur.

Avec *Babylone* du Sâr Péladan nous revenons à ce
même superbe poème de la Douceur et de la Bonté vic-
torieuses. C'est un beau drame, d'idées hautes et de
style éloquent; nous l'avons dit l'an passé, et aimons à
le répéter. La foule se plairait à un tel poème.....

JACQUES DES GACHONS.

L'ART MODERNE (BRUXELLES)

Quand, le dernier acte fini, la salle fort emballée ap-
plaudissait en un très beau tapage, il y eut un siffleur.

Un seul, mais obstiné comme Mérodack ; il ne vint pas
avec un glaive, avec un sifflet de deux sous! et cet outil

ridicule suffit pour que, durant dix minutes, il couturât
une belle œuvre de ses griffures comme s'il lui eût jeté en
plein visage une tasse de vitriol.

Il s'était tenu coi pendant les quatre actes, et vraiment
ceci témoigne de l'incorrigibilité de ces cervelles enfermées
en des crânes étroits dont les sutures s'invariabilisèrent
trop tôt. Il assista donc, sans que se transformassent son
âme et son projet, la main sur son sifflet comme un anar-
chiste sur sa bombe, aux quatre actes en lesquels un noble
esprit, dans une prose si merveilleusement rythmée, mu-
sicale et imagée, que les auditeurs croyaient que c'étaient
des vers et ne s'apercevaient pas que le lourd et puéril et
monotone bibelot de la rime était supprimé.

L'œuvre de Péladan, en ses harmonieux et crépuscu-
laires méandres, où se retrouvent sans peine les esprits
attentifs, raconte cette évolution saturée d'étonnement
et de merveilleux. Elle explique, avec une incomparable
magnificence de langage, la transsubstantiation d'une
idée religieuse, quand, au hasard des aventures histo-
riques, deux races devenant contiguës, il se fait un passage de dogme de l'une à l'autre. En un panorama ennobli
de grandes lignes et à personnages rares, il concentre
l'immense phénomène du Christianisme s'emparant des
rites du Sémitisme pour les purifier et les diviniser en
douceur et en mansuétude.

C'est très beau une œuvre de cette envergure, surtout
quand elle vogue au ciel de l'art dans les draperies superbes d'une langue simple, sonore et soyeuse comme la
musique wagnérienne. Mais comment espérer qu'un ma-
suir-siffleur, rongé par le cancer de l'ignorance, la pénètre
en ces galeries mystiques aux perspectives infinies ? Il
aime le vaudeville, lui, car il est souvent jovial et farceur.

S'il est d'un distingué gourmé et grave, il aime le drame
mondain dont Augier le bien peigné, ou Dumas fils, le
bien cravaté, instituèrent les règles et l'équilibre ennui-
versellement correct. Il permet qu'on le touche à la peau,
lui, mais pas au-delà ; cela l'indispose, les vibrations profondes. Aussi, quand on le contemple au sortir d'un
théâtre (pour lui le théâtre impossible) où il a vu ceux qu'il
croit des énergumènes ou des fumistes ovationner une
tragédie comme *Babylone*, nerveux, rageur, ahuri, on croit
vainement qu'en sa pensée trouble, et finalement décou-
ragée, doit péniblement se conglomérer une phrase comme
celle-ci : « C'est à donner sa démission d'imbécile ! »

Babylone JUGÉE PAR UN ÉQUILIBRISTE.

Voici un amusant exemple de la critique à contrepè-
terie de l'*Indépendance belge* ; vous savez, cette critique où
tout éloge est corrigé par une perfidie, cette critique
prudente qui permet en tout temps à son auteur de dire :

> Je suis oiseau, voyez mes ailes,
> Je suis souris, vivent les rats !

« En fin de compte, et malgré tout, cette *Babylone*, si elle
n'est pas un monument impérissable, n'en est pas moins
un effort d'art où l'incohérence même des pensées donne à
réfléchir, où le travail du style est tour à tour puéril et
génial. »

Le soleil eût été charmant si l'on n'avait été en pleine
nuit. L'atmosphère voilée par un épais brouillard était
d'une transparence infinie. Alors se leva cette femme
admirable dont la jeunesse aurait resplendi comme une
apparition si l'âge n'avait pas appesanti sur elle sa main

impitoyable et pourtant compatissante, etc., etc. Oh! le
talent vil de parler pour ne rien dire et surtout pour ne
pas se compromettre !

Edmond Picard.

LA CHRONIQUE

Le drame renferme assez de beautés pour balancer les
tares dont il n'est certes pas exempt.

Le public était disposé à reconnaitre la valeur de
l'œuvre; il l'a montré par son attitude, sa persistance à applaudir, sa persévérance à écouter jusqu'à minuit une enfi-
lade de phrases solennelles exprimant des idées abstraites.

J'étais porté jadis à déplorer qu'un écrivain et un artiste
d'une valeur remarquable, comme l'est M. Joséphin
Péladan, persiste à afficher des ridicules susceptibles de
le frustrer d'un succès légitime.

Comme dit M. Claretie : « J'ai pris grand plaisir à vos
longues tirades aux cadences harmonieuses. »

Mais il n'y a pas que des tirades dans *Babylone*, il y a
aussi des mouvements superbes et des situations très
dramatiques.

La représentation extraordinairement allongée par d'in-
terminables entr'actes n'en a pas moins tenu les spectateurs jusqu'au bout sous une sorte de charme.

Jean Dardenne.

JOURNAL DE BRUGES

Hélas ! que dirait Sarcey si Claretie acceptait *Babylone* ?
Il est des choses trop belles que l'on profanerait en les
exposant au regard de la foule. Constatons le succès,

8

malgré tout, de ce chef-d'œuvre d'une prose, vraiment
belle, rendue grandiose par son allure rythmée.

JACQUES FAUVELLE.

LE MOUVEMENT LITTÉRAIRE

Nous n'hésitons pas à dire ici que celui qui a écrit
Babylone est le plus grand écrivain contemporain ; il
continue, avec cette tragédie, l'impérissable et éternelle
lignée des Sophocle, des Eschyle, des Racine. *Babylone* est
une grande œuvre, grande par la sublime et vaste syn-
thèse qu'elle contient.

JOSÉ HENNEBICQ.

Babylone est un des types parfaits de cette sorte de
théâtre supra-possible, comme *Faust*... Le quatrième
acte n'intéresse plus que l'histoire universelle. *Babylone*
ne sera perceptible que pour un être répondant à de
telles exigences que c'est miracle d'avoir pu concevoir et
réaliser, d'ainsi victorieusement violenter le spectateur...
Trois rappels encore à l'acte suivant et le nom de l'auteur fut proclamé au milieu d'une tempête d'applau-
dissements. C'est au nom de ce passé que cette foule
qui méconnut Beethoven, qui bannit Heine et Byron
et qu'un virtuose fait courir, voudra encor enrayer la
marche du Sâr Péladan !... Mais ces messieurs ont af-
faire à forte partie, et je pourrais à coup sûr présager de
la victoire en ne regrettant qu'une chose. Combattus
par Péladan, ils vivront dans son œuvre grandis et
intéressants.

BALTUS.

L'INDÉPENDANCE BELGE

En fin de compte et malgré tout, cette *Babylone*, si elle n'est pas un monument impérissable, n'en est pas moins un effort d'art où l'incohérence même des pensées donne à réfléchir, où le travail du style est tour à tour puéril et génial.

C. T.

LE PATRIOTE

Il serait difficile d'écrire dans une langue plus élevée sans fausse rhétorique, sans exagération ésotérique, et le style même de l'œuvre la rend chère à ceux qui aiment les expressions rares, les phrases artistes, les belles pensées. En dépit de certaines longueurs, l'œuvre a trouvé le succès ce soir, au Parc.

LA PROMÉTHÉIDE

TRILOGIE D'ESCHYLE

Restituée quant au PORTEUR DE FEU et au DÉLIVRÉ,
traduite pour l'ENCHAINÉ

ET LA COMÉDIE FRANÇAISE

---

28 avril 1894.

Monsieur,

Vous m'avez demandé sur des pièces de théâtre mon avis personnel et je vous l'ai donné. Vous me demandez maintenant sur un ouvrage nouveau l'opinion administrative. Le rapport fait sur votre œuvre sera lu à la prochaine séance du Comité réuni en commission d'examen.

Agréez, je vous prie, Monsieur, l'assurance de mes sentiments distingués.

Jules Claretie.

Remarque : L'auteur de *Babylone*, de *Prométhée*, d'*Orphée*. a-t-il pu demander l'*avis personnel* de l'auteur du *Prince Zilah* et des *Muscadins*? L'auteur de *Babylone* demandait une lecture, ce que l'administrateur de la Comédie Française peut accorder, *motu proprio*.

Il résulte d'un interview signé : Ch. Fromentin, et intitulé : *Eschyle et Péladan*, que M. Claretie a tenu ces propos les attribuant au Sâr Péladan. « Je suis convaincu, moi, que ma pièce n'est pas jouable. Refusez-la-moi, cher

Maître, et je vous bénirai, car ce refus me donnera un prestige dont j'ai besoin... »

Rectification : Quand Péladan apporta le *Prince de Byzance* à M. Claretie (et ce fut sa seule et unique visite à l'administrateur), il dit que, n'étant pas assez sûr du mérite de l'œuvre, il n'insistait pas pour une lecture, mais demandait acte de la présentation pour marquer sa postulance devant le Comité du Théâtre Français. Pour *Babylone,* il écrivit nettement à M. Claretie, que, cette fois, il était sûr du mérite de son ouvrage, et avertissait M. Claretie que la postérité lui rendrait en honneur ou honte son accueil.

J'ai le regret de vous informer que dans sa séance de ce jour, samedi 5 mai, le Comité de lecture, après avoir pris connaissance du rapport présenté par la commission d'examen, n'a pas cru pouvoir réserver pour la lecture votre trilogie de Prométhée *enchaînée.*

Malgré le talent dont témoigne cette œuvre d'érudition, l'avis général est que la facture n'en saurait convenir à la Comédie Française.

Le Secrétaire du Comité,

MONVAL.

REMARQUE: Le Comité de lecture se compose de MM. Paul Perret et Edouard Cadol : c'est M. Edouard Cadol seul qui a fait le rapport, qu'il n'a pas osé communiquer. A l'Odéon, on est plus cynique ou plus crâne, on a communiqué le rapport sur le *Fils des Etoiles.*

Le *Prométhée enchaîné* étant d'Eschyle et ne constituant que la tragédie médiane de la trilogie, c'est donc l'œuvre du plus grand des tragiques qui a été refusée, puisque le *Porteur de Feu* et le *Délivré* seuls sont de Péladan.

L'accusation de lâcheté a seule pu décider M. Monval
à livrer les noms de ces comédiens qui ont décidé ceci :
la facture d'Eschyle, (*Prométhée enchaîné*), ne saurait convenir à la Comédie Française, ni a :

> MM. Coquelin, cadet,
> Prud'hon,
> Le Bargy,
> De Féraudy,
> Boucher,
> Truffier,
> Leloir,
> Worms.

Placet au Ministre de l'Instruction publique
et des Beaux-Arts.

Monsieur le Ministre,

On vient de m'apprendre que la Comédie-Française est un théâtre national et subventionné pour le maintien et la fomentation du *grand Art* ; des gens qui ne mentent point m'ont juré que, si on y joue la farce habituellement, c'est par abus et faute de tragédies nouvelles.

Ma stupeur, abusant de l'hospitalité de la *Presse*, veut vous poser quelques questions.

Je sais, Monsieur, que, depuis la prise de la Bastille, tout citoyen a le droit de brocarder un ministre dans les gazettes. Mais je date d'avant de cette bastille qu'on nomme Tour de Babel ; et jadis on eut le respect de l'autorité.

Je ne sais pas votre nom, mais je ne ris point de votre fonction, puisque j'en veux voir l'effet et le vais provoquer.

Un écrivain est un travailleur ; il ne peut dire que ses heures d'effort et non la qualité de l'effort.

Voici un romancier de douze romans, un métaphysicien de quatre traités in-octavo, un critique d'art d'une douzaine de volumes, un auteur dramatique de plusieurs tragédies. Ce romancier, ce métaphysicien, ce critique et cet auteur dramatique est un seul et même individu, citoyen français sans « enthousiasme », mais payant l'impôt, mis en prison pour n'avoir pas lu à temps les affiches militaires, fumant le tabac de régie, buvant l'eau à mi-

crobe, enfin subissant sans trop d'éclat toutes les vexa-
tions de Marâtre-Patrie.

Quels sont ses droits, le prétendu devoir accepté et
accompli.

Eh bien ! Monsieur le ministre, il n'a pas même droit à
une lecture rue Richelieu. Il faut être chevalier de
la Légion d'honneur, journaliste, ou bien bâtard de
l'apothicaire de M. Claretie.

Ici se dresse ma première question.

La *Comédie-Française ne doit-elle des facilités, des égards et
de la faveur à ceux qui ont prouvé leur valeur littéraire par
le livre ?*

Or, j'ai prouvé ma valeur de deux autres façons : j'ai
fondé un Salon des Beaux-Arts, le *Salon de la Rose* † *Croix*,
et un théâtre, le *Théâtre de la Rose* † *Croix* : il y a trois ans
que cet effort continue. Je n'ai pu obtenir que M. Claretie,
ni personne de son comité, assistât à mes représentations
du *Fils des Etoiles* et de *Babylone*.

Franchement, Monsieur le Ministre, j'y mets de la
bonne volonté. M. Claretie me dit que mes tragédies
seront jouables quand l'Art chevauchera les cygnes ; sans
attendre ce spectacle allégorique, je fais exécuter l'œuvre
refusée, et le fonctionnaire de la tragédie ne vient pas, lui,
ni aucun de ses Aristarques.

Ici se dresse ma deuxième question.

*Les fonctionnaires de la tragédie se peuvent-ils refuser d'as-
sister à la représentation d'une œuvre, quand l'auteur a déjà conquis une renommée d'écrivain ?*

Vous me devez juger bien naïf, Monsieur le Ministre,
de vous prendre au sérieux et de croire que vous me
rendrez la même politesse.

Eh bien ! ministérielle erreur, je ne suis pas naïf en ce

moment; et, sans plus d'ambages, laissez-moi vous présenter mes parrains.

L'un s'appelle Eschyle, c'est-à-dire Homère, au théâtre; c'est un tel personnage, que l'histoire ne mentionne pas d'égal à l'auteur de cette *Orestie* que M. Leconte de Lisle a osé réduire et signer. Vous avez dû traduire jadis quelque passage des sept tragédies qui nous restent. Mais, je me trompe, il y en a neuf, puisque j'en ai apporté deux, qu'on croyait perdues, à M. Claretie. Je lui fis cet impérial cadeau, il y a un mois.

Eh ! vous me pensez fou. Les journaux l'ont imprimé. Mais vous devez savoir ce que valent leurs assertions.

Prométhée enchaîné, ce panneau central d'un triptique, d'une trilogie, a sollicité mon effort : pour vaincre l'injustice écrasante que je subis, j'ai tendu l'arc d'Ulysse, j'ai retrouvé l'art d'Eschyle, j'ai refait les deux volets manquants, les deux tragédies perdues.

Effacez en pensée la voûte et les pendentifs de la Sixtine, ne laissez que la fresque du fond, le *Jugement;* supposez qu'il ne reste ni une description, ni un croquis des œuvres latérales, et dites-moi si l'artiste qui les restituerait n'aurait pas mérité qu'on l'admît, je ne dis pas au Salon, mais devant le jury du Salon.

Avec *Babylone*, avec *Orphée*, avec le *Mystère du Graal*, avec les *Argonautes*, je ne voulais engager le combat contre la mauvaise foi et les intrigues. Avec le *Prométhée*, je vaincrai. Voici une tragédie entière d'Eschyle, l'*Enchaîné;* voilà le *Porteur de Feu* et le *Délivré*; la comparaison jette une lumière fulgurante : ou je suis un insensé, ou j'ai droit d'être entendu à la Comédie Française.

C'est M. Edouard Cadol qui m'a lu; est-il compétent pour décider d'une restitution si savante?

Ce sont des acteurs de comédie, des Mascarille et des Frontin, qui m'écouteront, si j'obtiens de lire. Est-ce que je me flatte de leur faire accepter les antiques sublimités ? Non.

Comme mon maître Wagner, je lutterai longtemps ; mais comme Siegfried aussi, j'ai reforgé Nothung, l'arme antique des Vœlsung, et je veux que l'éclair de *Prométhée* luise, ne fût-ce qu'en lecture, dans cet immeuble de la tragédie où je serai le maître dans dix ou quinze ans au plus.

Et maintenant, Monsieur le Ministre, au lieu du certificat d'aliéniste que vous vous attendez à me voir produire, voici le témoignage d'un incontestable savant. d'un helléniste égal aux plus grands, d'un homme qui a dirigé quatorze ans l'école d'Athènes.

Lisez sa lettre, Monsieur, et ordonnez à maître Claretie de m'accorder lecture, ce qui vous sera compté au jour de votre mort et vous aidera peut-être à échapper à l'enfer, ordinaire destination des fonctionnaires *républicains*.

C'est la grâce que je vous souhaite en échange de celle que je souhaite de vous.

Sar Péladan.

LE TEMPS

Eschyle, le sâr Péladan et M. Emile Burnouf.

Nous avons reçu la lettre suivante, dont nos lecteurs apprécieront la saveur très spéciale :

Le grand maître Sâr Péladan au seigneur directeur du Temps.

Devant le Graal, le beauséant, la rose crucifère,
Je m'adresse à vous. monsieur, comme au plus *sérieux*

de la presse, et si vous ne me trouvez pas le même caractère, considérez que je ne suis ici que truchement. Eschyle
s'appelle le père et l'Homère du théâtre. Son *Prométhée
enchaîné* seul nous restait. Voici le *Porteur de feu* et le *Délivré* heureusement restitués ; voici la trilogie complète.

Qui dit cela ? Emile Burnouf, l'hellénisant incontesté,
l'ancien directeur de l'Ecole d'Athènes.

Refuserez-vous d'insérer la lettre d'Emile Burnouf ?

Non ! je l'espère pour moi.

Je l'espère pour vous.

SAR PÉLADAN.

Voici la lettre de M. Emile Burnouf, ancien directeur
de l'Ecole d'Athènes :

Paris, 11 avril.

Sar Péladan,

Vous voulez bien me demander mon impression au sujet
de votre trilogie eschylienne de *Prométhée*. Je ne vous
cache pas que j'en abordais la lecture avec une certaine
terreur ; nous avions le *Prométhée enchaîné* complet, mais
des deux autres pièces il ne nous restait rien du tout, et il
me paraissait effrayant d'en entreprendre la restitution.
J'ai donc lu votre double composition encadrant l'œuvre
d'Eschyle. Eh bien ! mes appréhensions se sont dissipées.
Je trouve à votre œuvre le caractère grec aussi complet
qu'on peut le désirer. L'œuvre d'Eschyle avait certainement quelque chose de métaphysique, dirai-je d'ésotérique;
ce qu'il en reste le prouve assez. Les grands esprits de
cette époque étaient sûrement initiés aux « doctrines

secrètes » conservées dans les temples et transmises par les initiations. Les poètes dramatiques en laissent souvent transpirer quelque chose dans leurs écrits. Plusieurs pièces d'Euripide (telles que l'*Hippolyte*, les *Bacchantes*, et d'autres) en sont remplies. Vous avez, par conséquent, été en droit de faire de même dans une trilogie où il n'y a que des dieux, qui se passe dans un monde surhumain, aux confins de la terre , sur ces sommets du grand Caucase qui ont été les conducteurs des mythes depuis l'Asie centrale jusqu'en Occident. Et, en outre, ces dieux sont des Titans, les plus vieilles conceptions de la religion grecque. Enfin, il s'agissait de *Prométhée*, et, par conséquent, de la puissante théorie du Feu universel. Ce Titan n'est pas seulement le Porteur de Feu : la tradition le donnait comme ayant modelé l'homme et la femme. Un bas-relief du Louvre représente cette opération, et c'est Athéné qui y apporte l'âme. La tradition aussi nous représentait Héraklès comme libérateur de Prométhée, et on voit, dans l'*Alceste* d'Euripide, Héraklès luttant avec la mort, et ramenant Alceste à son mari, scène incomparable.

Je n'ai rien trouvé dans votre composition qui ne soit conforme à la tradition et aux usages du théâtre grec du temps de Périclès. Peut-être aurez-vous à changer quelques mots trop modernes pour le sujet traité : je dis « quelques mots » ; je ne dis pas même quelques phrases, à plus forte raison une seule scène. Il n'y a rien de superflu dans le développement que vous avez donné à l'idée antique et je ne vois pas non plus ce qu'on y pourrait ajouter. Votre tentative était hardie, beaucoup plus hardie que celle de M. Leconte de Lisle, qui n'a eu qu'à traduire et qu'à réduire une trilogie complète du même auteur : il l'a fait

non sans succès. Le public a bien accueilli les *Erinnyes*.
Pourquoi n'accueillerait-il pas le *Prométhée* dont la portée
est beaucoup plus haute ? A moins donc qu'il ne la trouve
trop haute, et ne s'avoue ainsi inférieur aux Athéniens
d'il y a deux mille ans, *Dio men...*

Mes sincères compliments.

ÉMILE BURNOUF.

Le second volume du *Théâtre de la Rose ✝ Croix*, sera consacré au FILS
DES ÉTOILES, wagnérienne kaldéenne en trois actes et en eumolpée.

Le troisième volume du *Théâtre de la Rose ✝ Croix*, sera consacré au
MYSTÈRE DU SAINT GRAAL solennité de Semaine Sainte en 7 actes.

Le quatrième volume du *Théâtre de la Rose ✝ Croix* sera consacré à
LA PROMÉTHÉIDE, en trois tragédies.

LA DÉCADENCE LATINE

ÉTHOPÉE

SCHÉMA DE CONCORDANCE

PREMIER SEPTÉNAIRE

I. — **Le Vice suprême, 1884** : diathèse morale et mentale de la décadence latine : *Mérodack*, sommet de volonté consciente, type d'entité absolue; *Alta*, prototype du moine en contact avec le monde; *Courtenay*, homme-destin insuffisant, envoûté par le fait accompli social ; *L. d'Este*, l'extrême fierté, le grand style dans le mal ; *Coryse*, la vraie jeune fille ; *La Nine*, androgyne mauvais, ou, mieux, gynandre ; *Dominicaux*, pervers conscients ; caractère d'irrémédiabilité résultant d'une théorie esthétique spécieuse pour chaque vice, qui tue la notion et partant la conversion. Chaque roman a un Mérodack, c'est-à-dire un principe orphique abstrait en face d'une énigme idéale.

II. — **Curieuse, 1885** : phénoménisme clinique collectif parisien. Éthique : *Nébo*, volonté sentimentale systématique. Érotique : *Paule*, passionnée à prisme androgyne. La Grande Horreur, la Bête à deux dos, dans la *Gynandre* (ix), se métamorphosent en dépravations unisexuelles ; *Curieuse*, c'est le tous-les-jours et le tout-le-monde de l'instinct ; la *Gynandre*, le minuit goétique et l'exceptionnel.

III. — L'initiation sentimentale, 1886 : les manifesta-
tions usuelles de l'amour imparfait, expressément par
tableaux du non-amour, qui résulte de l'âme moderne
générale, faute d'énormon sentimental chez l'individu.

IV. — A cœur perdu, 1887 : réalisation lyrique du dua-
lisme par l'amour ; réverbération de deux moi jusqu'à
saturation éclatante en jalousie et rupture ; restauration
de voluptés anciennes et perdues.

V. — Istar, 1888 : la race et l'amour impuissants dans
la vie moyenne. Massacre nécessaire de l'exception par le
nombre, ligue antiamoureuse des femmes honnêtes trans-
posant la pollution en portée de haine.

VI. — La Victoire du mari, 1889 : la mort de la notion
du devoir ; le droit de la femme. Antinomie croissante de
l'œuvre et de l'amour ; corrélation de l'onde sonore et de
l'onde érotique ; invasion des nerfs dans l'idéal Bayreuth.

VII. — Cœur en peine, 1890 : départ d'un nouveau
cycle ; *Tammuz* n'y est qu'une voix qui prélude aux incantations orphiques de la *Gynandre* ; *Bélit*, passive, ra-
diante, y perçoit sa vocation d'amante de charité qui
s'épanouira dans la Vertu suprême. Elle y évoque une
des grandes gynandres, *Rose de Faventin* (xi). — Roman à
forme symphonique, préparant à des diathèses animiques invraisemblables, pour les superficiels lecteurs
de M. de Voltaire.

SECOND SEPTÉNAIRE

VIII. — L'Androgyne, 1891 : monographie de la Pu-
berté, départ pour la lumière d'un œlobite ; *Samas* épè-
lement de l'amour et de la volupté. Restitution d'im-

pressions éphébiques grecques à travers la mysticité
catholique. Clef de l'éducation et anathème sur l'Uni-
versité de France. La quinzième année du héros moderne. c'est-à-dire du jeune homme sans destin que son
idéal ; monographie de toute la féminité d'aspect et de
nerfs compatible avec le positif mâle.

Stelle de *Sénanques*. étude de positivité féminine : pu-
berté de *Gynandre* normale.

IX. — **La Gynandre, 1892** : phénoménisme individuel
parisien. Éthique : *Tammuz*, protagoniste ionien orphique, réformateur de l'amour ; victoire sur le lunaire.
Érotique : usurpation sentimentale de la femme. Grandes
Gynandres : Rose de Faventine, Lilith de Vouivre,
Luce de Goulaine. Aschera, Aschtoret. personnages
réapparaissant de l'*Initiation sentimentale*. L'Habitarelle. la
marquise de Nolay, Lavalduc y reviennent aussi. La
Nine et partie des dominicaux. En ce livre se retrouve
le grouillis de soixante personnages qui fait préférer le
I de l'Éthopée aux suivants : en ce livre aussi, toutes les
déformations de l'attract nerveux, les antiphysismes et
la psychopathie sexuelle, d'où il découlera que les au-
teurs récents ont tous touché à cette matière en mal-
propres et en niais.

X. — **Le Panthée, 1893** : l'impossibilité d'être pour
l'amour parfait, sans la propicité de l'or. Amour parfait
entre deux œlohites, égrènement des circonstances plus
fortes que la beauté et le génie unis par le cœur. Démonstration que l'amour dans le mariage ne peut être
tenté que par les riches ou les simples.

XI. — **Typhonia, 1893** : héros, Sin et Nannah : Stérili-
sation de l'unité lyrique par le collectif provincial. Dé-

monstration de la nécessité de la grande ville pour désorienter la férocité de la bourgeoisie française ; sermon du P. Alta sur le péché de haine ou péché provincial.

La province n'existe pas pour la civilisation : le vice lui-même ne la polit pas. Aucun génie ne résiste au face à face avec la province. Envoûtement par le collectif.

XII. — Le dernier Bourbon, 1894 : la race et l'honnêteté décadentes plus funestes que la vulgarité et le vice. Problème de la politique. La raison monarchique et la déraison dynastique, en ce cas Chambord. Personnages du *Vice suprême :* le prince de Courtenay, le prince Balthazar des Baux, Rudenty (*Curieuse*), Marestan, duc de Nîmes, Marcoux. Peinture du dernier boulevard de légitimité, pendant l'exécution des décrets de l'infâme Ferry ; étude des progressions animiques collectives et de l'âme des foules. Horreur de la justice française, billevesées de la légalité. Démonstration que les catholiques français sont des lâches, et que l'histoire de ce pays est finie. Dans la chronologie de l'Éthopée, le XII est antérieur au *Vice suprême*. On y voit les débuts de Marcoux, l'élection de Courtenay.

XIII. — La Lamentation d'Ilou, 1895 : défaite des grandes volontés de lumière : Ilou, Mérodack, Alta, Nergal, Tammuz, Rabbi Sichem, du *Finis Latinorum :* Oratorio à plusieurs entendements. Jérémiades où Alta donne la preuve théologique ; Nergal, psychique : Tammuz, érotique ; Sichem, comparée ; Mérodack, magique ; Ilou, extatique ; que la Latinité est finie.

XIV. — La Vertu suprême, 1894 : le « quand même » des volontés de lumière, après l'évidence de l'irrémissible damnation du collectif.

Mérodack y réalise tout à fait la Rose ✠ Croix commencée au château de Vouivre (vii . Bélit tient le premier plan féminin avec la plupart des gynandres ix' : Tammuz, Alta, Sichem, Nébo, Paule Riazan, Samas y rayonnent. Les originaux du salut, excentriques de la vertu, poètes de bonté et artistes de lumière : *Aristie future !*

AMPHITHÉATRE DES SCIENCES MORTES

RESTITUTION DE LA MAGIE KALDÉENNE
ADAPTÉE A LA CONTEMPORAINETÉ, DOCTRINE DE L'ORDRE
DE LA ROSE ✠ CROIX, DU TEMPLE ET DU GRAAL

I

ÉTHIQUE

Comment on devient Mage ? Méthode d'orgueil. entraînement dans les trois modes pour l'accomplissement de la personnalité : ascèse du génie et de la sagesse. In-8°, Chamuel (2ᵉ édit.). 1891. . . . .   7 fr. 50

II

ÉROTIQUE

Comment on devient Fée? Méthode d'entraînement dans les deux modes pour l'accomplissement de la Béatrice et de l'Hypathia : ascèse de sexualité transcendante, restitution de l'initiation féminine perdue. In-8°. Chamuel (2ᵉ édit.), 1892. . . . .   7 fr. 50

III

ESTHÉTIQUE

Comment on devient Artiste et Ariste, ascèse de la sensibilité et théorie magique du beau et de sa perception. In-8° de 370 pages, 1893. . . . .   7 fr. 50

Comment on devient artiste et ariste, tel est le traité de magie pratique que le Sᴀʀ Pᴇ́ʟᴀᴅᴀɴ ajoute à *Comment on devient Mage* et à *Comment on devient Fée*, dans son *Amphithéâtre des Sciences mortes*, à la librairie Cʜᴀᴍᴜᴇʟ, in 8, (370 p., 7 fr. 50). Après l'*Ethique* et l'*Erotique*, après le culte du Moi et le complémentarisme du Moi, voici le manuel de l'enthousiasme les exercices intellectuels de l'admiration, la religiosité en face du chef-d'œuvre. Le Sàr Péladan, ce fanatique de Dante, de Léonard, de Wagner, d'Eschyle, a rénové avec une flamme éloquente le culte des héros d'art, des demi-dieux de la pensée : c'est l'introduction à la vie idéale et la consolation éternelle ; c'est Saint-François de Sales et Boëce ; c'est enfin la formule hiératique et canoniale du culte des Génies et des grandes œuvres. *Comment Mage* apprend à se connaître, *Comment Fée* à se reconnaître dans autrui, *Comment Ariste* à se projeter vers l'au-delà, par les chefs-d'œuvre.

Le complément nécessaire de **Comment on devient Ariste** est

L'ART IDÉALISTE & MYSTIQUE

Doctrine de l'Ordre et du Salon annuel

ᴅᴇs ROSE ✝ CROIX

Un vol. in-18 de 340 pages. Chamuel. 1894 . . . . 3 fr. 50

Pour le 1ᵉʳ Février, quatrième traité de l'Amphithéâtre des Sciences Mortes.

POLITIQUE

LE LIVRE DU SCEPTRE

Traité de sociologie chrétienne et de magie politique.

Démonstration de la vérité théocratique et diagnostic de la décadence latine d'après une nouvelle philosophie de l'histoire et l'application analogique des lois physiques à la vie ethnique.